우리가 모르는
미국의 두 얼굴

FALLING AMERICA

우리가 모르는
미국의 두얼굴

| 정종태 지음 |

한국경제신문

미국은 어디로 가고 있는가

2011년 여름. 연수 기회를 얻어 미국에 '단기 체류인'으로 첫발을 내딛었을 때 나의 눈에는 부러움이 가득했다. 지천에 널려 있는 공원과 울창한 숲, 그곳에서 매일 피크닉을 즐기는 '아메리칸'들을 마주할 때마다 정말이지 미국은 복 받은 나라라는 생각이 절로 들었다. 어딜 가도 넘쳐나는 풍족한 물자와 자원! 역시나 세계 최강국으로서 손색이 없었다. 하지만 이런 생각이 깨지는 데는 채 몇 개월이 걸리지 않았다.

연수 초기, 비록 이방인이었지만 미국인의 삶을 가까이에서 보고 싶어 내가 살았던 동네인 북버지니아 비엔나의 각종 모임에도 열심히 드나들었다. 방문 연구원으로 등록한 존스홉킨스 대학 국제관계대학원(SAIS)에서는 흥미있는 분야의 강의도 들고, 읽고 싶은 책도 마음껏 읽었다. 몇몇 교수들을 포함해 대학원생들과도 꽤 친해져 자주 소통을 했다.

SAIS가 워싱턴DC 중심부에 위치해 있기 때문에 학교에 갈 때마다 짬을 내 백악관 주변과 행정가, 내셔널몰 근처를 쏘다녔다. 지적 호기심이 발동해 세계적 싱크탱크에서 열리는 각종 세미나도 기웃거렸다. 특히 피터슨국제경제연구소(PIIE)에서 매주 화요일 열리는 세미나는 나의 부족한 지식 콘텐츠를 채우기에 충분했다. 로비스트의 거리로 불리는 K스트리트를 걷다가 눈에 띄는 로비회사 문을 열고 들어가 로비의 궁금증을 풀기도 했고, 백악관 바로 옆에서 텐트 농성 중인 '월가를 점령하라' 시위대를 만나 99퍼센트와 1퍼센트의 미국에 대해 얘기도 나누었다.

이렇게 생활인으로서 체험한 미국은 결코 '아름다운 나라'만은 아니었다. 워싱턴DC 중심부 고급 호텔에선 정치는 뒷전에 놔둔 채 기부금 모으기에 열중하는 정치인들의 행사가 끊이지 않았고, 여기에 개입해 정치를 막후 조종하는 로비스트들이 넘쳐났다. 제프리 삭스 컬럼비아대학 교수가 표현한 '나쁜 정치'는 바로 옆에 있었다.

용광로(melting pot)…오늘날 미국을 세계 최강국으로 만든 비결인 인종 간의 화학적 결합 또한 허상에 불과했다. 가까이에서 들여다본 일상에서는 인종 갈등과 장벽이 뿌리 깊게 도사리고 있었고, 특히 겉으론 숨기지만 마음 깊숙이 새겨진 백인들의 우월의식과 스스로를 미국의 주인으로 생각하는 몰(沒) 역사적 사고방식이 때로는 역겹기까지 했다.

누구나 노력하면 '아메리칸드림'을 이룰 수 있는 나라도 더이상 아니었다. 평등의 나라라는 이미지와 달리 선진국 가운데 빈부격차 지수가 가장 심한 나라가 바로 미국이었다. 더구나 복지에 관한 한, 폴 크루그먼 프린스턴대학 교수가 말했던 것처럼 "어떻게 이런 나라에 일찍이 사회주의가 등장하지 않았을까 의심이 들 정도"로 형편없었다.

월가에서 시작된 금융위기는 여진이 계속되고 있고, 이는 시장 실패로 인식돼 정부 개입은 누구에게나 당연한 것으로 받아들여지고 있다. 그동안 미국을 지탱해온 보수주의와 자유시장 이념은 자취를 감추다시피 했고, 경제학계에서는 정부 개입을 옹호하는 케인지언(Keynesian)이 아니면 명함조차 못 내미는 상황이 되고 있다. 공화당 출신의 닉슨이 (보수주의자 입장에선) 배신 자처럼 했던 말 "우리는 모두 케인지언이다(We are all Keynesians now)"가 다시 유행하고 있는 것이다.

교육 경쟁력도 빠르게 후퇴하는 중이다. 고등학생 중 30퍼센트가 졸업을 못하고 낙제를 받는다는 통계는 실로 충격적이었다. 세계 최고의 경쟁력을 자랑했던 공교육시스템이 급속히 붕괴되면서 부자들은 너도나도 공교육에서 탈출해 그들만의 값비싼 사교육 세상을 만들어가고 있다. 교육 현장만 보노라면 미국은 계급사회나 다름없다.

이런 위기의식을 반영해 지식인 사회는 비관론으로 가득하다. 서점가에는 미국이 머지않아 제3세계로 전락할지도 모른다는 경고를 담은 책들로 넘쳐난다.

흔히 미국이란 나라는 알면 알수록 미궁으로 빠지는 나라라 한다. 짧은 경험으로 미국을 재단하는 것은 위험천만한 일이다. 하지만 적어도 내가 만나고 보고 듣고 읽으면서 새롭게 알게 된 미국은 더 이상 세계 1등 국가가 아니었다.

물론 그곳 또한 위기와 함께 가능성이 공존한다. 위기 탈출 해법도 백가쟁명이다. 혹자는 1930년대 프랭클린 루스벨트 대통령의 뉴딜정책을 부활시키면 다시 한번 기회를 맞을 수 있다는 주장도 내놓는다. 하지만 역사의 시계추를 70년 전으로 되돌리는 일이 가능할까? 그 해답은 미국인들만이 알고 있을 뿐이다.

이 책은 미국에 살면서 보고 듣고 읽고 배우면서 새롭게 알게 된 사실들과 이방인으로서 느낀 점들을 써내려간 기록이다.

2012년 미국의 현재 모습을 이해하는 데 조금이나마 도움이 되기를 바란다. 나에게 많은 것을 보고 듣고 배울 수 있도록 연수 기회를 제공해준 LG상남언론재단에 감사드린다.

2012년
정종태

우리가 모르는
미국의 두얼굴

| 차례 |

FALLING AMERICA

| 제1장 |

누가 미국을 망치는가

워싱턴 로비스트의 진실

워싱턴DC 중심부를 동서로 잇는 K스트리트. 이곳을 지날 때면 유독 말쑥한 차림의 신사들이 자주 눈에 띤다. 손에는 작은 서류가방을 들고 어디론가 바쁘게 걸어가는 그들의 직업은 바로 로비스트다. 미국 정치를 주무르는 대형 로비회사들이 진을 치고 있는 곳, 그래서 K스트리트는 로비스트의 거리로 불린다. 이 거리에서 마주치는 사람 중 열의 아홉은 로비스트다.

린다 김, 박동선게이트 등으로 우리에게도 익숙한 이 직업은 미국에서는 합법화된 보편적 직업이다. 합법화됐다는 말은 로비스트 관련법이 있다는 뜻이다. 즉 로비스트규제법(Federal Regulation of Lobbying Act)을 말한다. 미국은 자유주의를 신봉하는 국가답게 역사적으로 규제를 최소화하는 움직임이 많았다. 이러다보니 규제 시스템이 우리나라와는 근본적으로 다르다. 시장규제가 보편화된 우리나라가 주로 포지티브시스템*을 취하는 것과 달리 미국은 네거티브시스템**을 채택한다. 규제가 훨씬 덜한 제도다.

로비 관련법도 일종의 네거티브시스템에 속한다. 일정한 요건만 갖추면 누구나 로비스트로 등록해 활동할 수 있다. 예컨대 로비 관련법에서는 로비스트에 대해 '업무 중 20퍼센트 이상을 로비에 투입하는 사람'으로 규정하고 있다. 또 분기마다 어떤 로비활동에 얼마를 썼고, 누구를 접촉했는지 등을 의회에 보고해야 한다. 규정을 어기고 허위보고를 했다간 20만 달러의 벌금과 최대 5년의 징역에 처할 수 있다.

일각에선 로비스트를 변호사와 비교한다. 한때 로비스트로 명성을 날린 잭 아브라모프(Jack Abramoff)의 설명에 따르면, 변호사는 고객의 요구를 듣고 법률 테두리 안에서만 해결책을 찾는 것에 비해 로비스트는 합법이든 불법이든 가리지 않고 고객을 위해 다양한 수단을 강구한다.

★ 법률에 명시된 몇 개의 허용된 사항을 제외하고 나머지를 포괄적으로 불허하는 제도.
★★ 법률에 명시된 사항만 위반하지 않으면 나머지는 모두 허용하는 제도.

그렇다면 로비스트는 어떤 사람들이 되는가? 우선 로비스트가 되려면 무엇보다 인적 네트워크가 탄탄해야 한다. 법률을 만드는 의회 의원 및 스태프(보좌진)들과 자유롭게 만날 수 있는 친분을 유지하는 것은 기본이다. 톱 로비스트가 되려면 최고권력가들과도 다양한 친분관계를 쌓아야 한다. 심지어 대통령까지도 자유롭게 만날 수 있는 영향력을 가져야 한다. 잭 아브라모프는 조지 W.부시 대통령과 매우 막역한 사이였다. 그는 자서전 《캐피톨 퍼니시먼트Capitol Punishment》에서 로비스트라는 직업에 대해 이렇게 언급했다.

"로비스트는 거물들과의 접근성을 확보하는 것이 성공의 지름길이다. 만약 자신에게 적대적인 의원이 있다면, 정치기부금을 모아 접근하라. 그러면 100퍼센트 친해진다. 때문에 로비스트는 정치행동위원회(PAC)★를 결성해 자금 모금을 적극적으로 도와주는 경우가 많다. PAC는 변호사 한 명과 300달러만 있으면 결성 요건이 되므로 아주 쉬운 방법이다."

로비스트가 인맥장사인만큼 대학을 졸업한 신출내기가 로비회사로 곧바로 들어가는 경우는 없다. 대부분 의회나 행정부에

★ 미국의 정치자금단체로 PAC를 통하면 개인이나 법인이 특정 후보에게 기부하는 금액에 한도가 없다.

서 경력을 쌓은 사람이 로비스트로 고용된다. 특히 전직 거물급 의원이나 행정부 고위관료는 로비회사의 얼굴마담 격으로 스카우트 대상 0순위다. 의회 내 각종 위원회에서 오랫동안 일하며 의원들 못지않게 파워를 행사하는 고위 보좌진들은 스카우트 1순위다. 이들을 스카우트하는 방법은 여러가지다. 이에 대해 잭 아브라모프는 이렇게 말했다.

> "로비회사는 거물급을 움직이기 위해 수시로 골프 접대도 하고, 고급 레스토랑에서 식사도 대접한다. 라운딩이 끝나면 뿌리칠 수 없는 마술언어를 던진다. '당신이 의원직을 그만두면 우리 회사에서 고용해주겠습니다.' 그러면 90퍼센트 이상은 '오케이'라 답한다. 사실상 포섭이 끝난 셈이다. 그 이후부터 거물들은 의회에서 월급을 받지만 이미 로비회사를 위해 일하는 것이나 마찬가지다."

이 때문에 전직 거물급 의원이나 행정부 고위관료가 로비회사에 고용되는 일종의 회전문 인사가 너무나 자연스럽게 보편화 돼 있다. 대응정치센터(Center for Responsive Politic: CRP)★★ 조사

★★ 워싱턴DC에서 정치자금 백서(白書)를 발행하는 곳으로 정치 민간단체다.

에 따르면 1998~2005년까지 의회를 떠난 198명의 의원 중 43 퍼센트가 로비스트로 등록했다. 또 85명은 공식 로비스트는 아니지만 기업의 자문역을 맡았다.

대표적 사례가 밥 리빙스턴(Bob Livingston) 전 상원의원이다. 그는 1999년 의원직을 그만둔 이후 자신의 이름을 딴 로비회사 리빙스턴그룹(Livingston Group)을 차려 6년 만에 전체 로비회사 중 상위 12번째로 키워놓았다. 리처드 게파트(Richard Gephart) 전 상원의원 역시 의원직을 그만두고 2007년 자신의 이름을 딴 게 파트공무그룹(Gephart Government Affairs Group)을 설립해 골드만 삭스, 보잉, 비자 등을 고객으로 둔 로비스트로 변신했다.

한 데이터에 따르면 지난 10년간 5400명의 전직 의회 스태 프들이 연방 로비스트로 전직했으며, 400명의 의원들이 비슷한 경로를 밟았다. 의원들이 로비스트로 전직하는 가장 큰 이유는 바로 '돈'이다. 대형 로비회사로 스카우트되면 1년에 100만 달러 이상의 돈을 쉽게 가져갈 수 있기 때문이다. 그런 연유로 K스트리트는 워싱턴 정가에서도 아주 돈벌이가 좋은 마술 단지로 통한다.

〈워싱턴포스트〉에 따르면 2011년 기준으로 연방정부나 의회를 대상으로 로비활동을 벌이는 등록 로비스트는 1만3700명에 달한다. 워싱턴 정가에서 활동하는 전형적 로비스트는 12개

안팎의 고객을 갖고 있으며 고객당 월 1만 달러 정도를 받는다. 고객이 대형 기업이고, 로비스트가 명성이 높다면 수임료는 월 30만 달러까지 올라간다. 회사가 벌어들이는 돈의 30퍼센트를 로비스트가 가져가는데, 성공한 로비스트의 연봉은 최소 30만 달러에 달한다. 2011년에 최고 소득을 올린 사람은 제럴드 E. 에반스(Gerald E. Evans)로 123만2000달러였다.

로비스트에 요구되는 자질은 인맥 말고도 다양하다. 접근성 다음으로 중요한 자질이 전문성이다. 때로는 커넥션을 가지고 있는 의원의 개인 컨설턴트가 돼 줄 만큼 박학다식해야 한다. 실제 많은 법률가 출신 로비스트들이 법률을 입안하는 의원의 부탁을 받고 법률문안을 작성해주기도 한다. 이를 위해서는 고도의 전문성뿐 아니라 리서치와 보고서 작성 능력도 있어야 한다. 한마디로 로비스트는 엘리트 중의 엘리트라야 가능하다.

잭 아브라모프 Jack Abramoff
워싱턴 정가의 대표적 로비스트로 부시 정부 시절 최고 로비스트로 명성을 날리다 사기, 세금포탈 등의 혐의로 기소돼 복역을 치렀다. 2000년대 초반에 발생한 로비 스캔들은 워싱턴 정가를 떠들썩하게 만들었으며 21명의 연루자들이 대거 기소되었다. 복역 후 로비 반대론자로 돌아섰고, 로비스트로 활동하던 시절을 회고한 자서전 《캐피톨 퍼니시먼트》를 펴냈다. 이 책에서 로비 구조를 개혁하자는 구체적인 방안을 제시했다.

모든 악(惡)은 K스트리트에서 시작된다

로비를 모르고서는 미국 정치를 이해할 수 없다는 말이 있을 만큼 미국 정치는 로비와 떼려야 뗄 수 없는 관계다. 하지만 우리나라와 달리 일찍이 로비가 합법화된 미국에서조차 로비에 대한 인식은 우리와 별반 다르지 않다. 특히 2008년 금융위기 이후 사회 전반에 위기감이 팽배해지면서 모든 악의 근원이 바로 K스트리트가 아니냐는 주장까지 나올 정도다.

'월가를 점령하라' 시위자들도 미국을 망친 주범으로 1퍼센트의 소수 부자 및 월가와 함께 K스트리트를 꼽는다. K스트리트가 막강한 로비력을 동원해 정치를 부패하게 만들고, 작금의 위기를 잉태하게 만든 중대한 원인 제공자라는 것이다.

로비가 합법적인 미국에서도 로비스트라는 직업에 대한 이미는 긍정적이지 않다. 부패, 스캔들 같은 단어가 가장 먼저 떠오른다는 조사 결과도 있다. 때문에 로비스트에 대한 감시 눈초리는 매섭다. 신문이나 방송 등 전통 언론들은 로비가 스캔들의 진원지인 만큼 대형 특종을 터뜨리기 위해 이른바 빨대를 깊숙이 꽂아놓고 있다. 또 민간 NGO(비정부기구)들도 로비스트 정보공개운동에 열심히 나서고 있다.

하지만 과연 로비스트가 미국을 망치는 근본 원인일까? 여기

에 대해서는 꽤 논쟁이 있다. 논쟁의 포인트는 두 가지다. 첫째
는 진정한 원인 제공자는 따로 있으며 그것은 바로 로비를 필
요하게 만든 낡고 부패된 정치구조라는 것이다.

원죄는 돈의 정치

사실 미국 정치는 돈이 없으면 존재가 불가능한 구조다. 정치
의 가장 치열한 전쟁터인 선거는 돈의 힘에 의해 결과가 좌우
된다. 때문에 선거에서 당선된다 해도 본연의 입법 활동에 몰
두하는 시간보다 다음 선거를 위해 자금모금 행사에 쫓아다니
는 데 더 많은 시간을 할애한다. 돈에 지나치게 의존하는 선거
와 정치 행태가 필연적으로 로비를 불러오는 요인이고, 수많은
로비스트를 양산해내며, 결국 부패의 고리를 만들어낸다는 것
이다. 희대의 로비스트로 명성을 날리다 스캔들에 휩싸여 유죄
선고까지 받은 잭 아브라모프는 CNN의 '60분(60 Minutes)'에 출
연해 이렇게 말했다.

> "의원을 움직이게 하는 것은 25달러짜리 점심이나 스테이크 같은
> 음식이 아닙니다. 자금모금을 위한 점심식사에서 의원에게 스테
> 이크를 대접하고나서 2만5000달러를 추가로 기부하면 그 의원
> 과는 언제든지 만날 수 있는 특수관계를 맺을 수 있게 되지요."

돈의 정치가 바로 로비의 존재 이유란 것을 잘 대변하고 있다. 결국 돈에 의존하는 정치 행태를 뜯어고치지 않고서는 부적절한 로비 관행을 근절할 수 없다는 것이다.

행정부와 의회, 로비스트는 공생관계

두 번째 논쟁 포인트는 행정부와 의회가 막강한 권한을 행사하기 위해 로비를 이용하고 있다는 것이다. 다시 말해 의회나 행정부의 막강한 권한은 로비스트를 존재하게 만드는 필요충분조건이라는 이야기다. 손뼉도 마주쳐야 소리가 난다고, 권력 또한 알아주는 상대가 있어야 의미가 있다. 아무도 아쉬운 소리를 하지 않고 무시하면, 아무리 힘 센 권력을 가진들 무슨 소용이 있을까?

의회나 행정부도 마찬가지다. 예컨대 의회의 경우 —한국도 비슷하지만— 실제로는 통과되지도 않을 무수한 규제법안들을 밥 먹듯이 쏟아낸다. 이는 중간에 로비가 개입될 것을 전제로 한 행위다. 로비는 자연스레 정치자금 지원으로 연결되고, 그 결과 규제법안은 중도 탈락하며, 그 과정에서 의회와 로비스트는 불가분의 관계를 맺는다.

물론 로비는 국민의 정치에 대한 직접 참여 수단 중 하나인 청원권을 활성화시킨다는 측면에서 긍정적 기능을 하기도 한

다. 일각에선 우리나라도 로비활동의 법제화를 서둘러야 한다
는 주장도 있다. 법제화되면 불법적이고 음성적인 청탁, 즉 비
공개 로비활동을 막을 수 있다는 이유에서다. 실제 정부 차원
에서도 그런 움직임이 몇 차례 있었지만 매번 대학 기여입학제
처럼 로비가 돈 있는 사람들만의 전유물로 전락할 수 있다는
여론에 밀려 성사되지 못했다.

하지만 로비가 법제화되면 오히려 국민의 정치 참여율이 높
아진다는 게 정치학자들의 일반적인 견해다. 사실 미국을 보더
라도 돈을 주무르는 월가나 대기업들의 로비가 주로 비판 대상
이지만 알고 보면 로비는 월가나 대기업의 전유물이 아니라 노
동조합이나 각종 시민단체, 이익단체 등 소위 약자들도 일상적
으로 행한다. 예컨대 미국 교사들의 직업안정성이 다른 나라에
비해 높은 것은 미국교사연합(American Federation of Teachers: AFT)
의 막강한 로비 때문이다.

우리나라는 로비가 불법이지만 이미 사실상의 로비는 광범
위하게 행해지고 있다. 정기국회 시즌에 국회에 가보면 변호사
협회나 의사협회 같은 각종 이익단체는 물론 기업 담당자들이
국회에 진을 치고 있는 모습을 쉽게 발견할 수 있다. 이들 모두
자신에게 불리한 법률 통과를 막기 위한 사실상의 로비스트들
이다.

로비가 불법인 까닭에 로비스트라는 직업도 없지만 이미 공개적으로 로비스트 행세를 하는 사람들도 존재한다. 로펌이나 회계법인으로 옮긴 전직 장차관들이 대표적이다. 이들은 로비스트 그 이상도 그 이하도 아니다. 대부분 로펌이나 회계법인의 비즈니스가 성사될 수 있도록 정부를 상대로, 더 직접적으로 표현하면 후배 공무원들을 상대로 밥 사고, 술 사고, 골프 쳐 주면서 로비활동을 한다. 그러면서 엄청난 보수를 받는다. 전직 관료가 정부를 상대로 로비활동을 벌이는 것은 어찌 보면 직권남용이며, 넓게 보면 이해의 충돌이다. 때문에 로비가 법제화된 미국에서조차 이런 관행은 부정적으로 여겨 규제하려는 움직임이 강하다.

로비가 비공개적으로 진행되는 까닭에 오히려 로비는 소수 힘 있고 돈 있는 자들의 효과적인 실현 수단이 되고 있다. 로비스트 역시 전직 고위관료들이 독차지하며, 공무원 시절의 배고픔을 일거에 만회하는 수단이 되고 있다. 이런 측면에서 로비 활동을 법제화하고, 로비스트를 별도 직업군으로 양성하자는 주장은 일견 타당해보인다.

미국의 최대 호황 산업

Q K스트리트에는 크고 작은 수많은 로비회사들이 있다. 이들의 가
  장 큰 고객은 누구일까?

  ① 골드만삭스　　　　② 록히드마틴　　　③ 유나이티드헬스
  ④ 마이크로소프트　　⑤ 미 상공회의소

정답은 바로 5번 미 상공회의소(US Chamber of Commerce)다. 대부
분 미국의 대표산업인 금융이나 군산복합체, 헬스케어, 인터넷
기업 중 하나일 것으로 생각하기 쉽지만 사실은 그렇지 않다.
기업들의 이익단체인 상공회의소가 최대 로비집단이다.

　로비 관련 정보를 공개하기 위해 조직된 민간단체 오픈시크
릿(Opensecrets.org)에 따르면 로비에 가장 많은 돈을 쓰는 곳이
바로 상공회의소다. 1998~2011년까지 무려 8억553만 달러를
로비에 사용했다. 우리 돈으로 1조 원에 가까운 금액이다. 상공
회의소가 고용한 로비회사는 38개다. 대부분 K스트리트에 있
는 대형 로비회사들이다. 상공회의소를 위해 일하는 로비스트
도 무려 500여 명에 달한다. 흥미로운 점은 상공회의소 자체적
으로 100명에 가까운 로비스트를 직원으로 고용하고 있다는
것이다. 상공회의소 스스로가 거대 로비집단인 셈이다.

미국 상위 로비 집단

NO	로비 집단	총액(달러)
1	미 상공회의소	805,535,680
2	미국의료협회	264,767,500
3	제너럴 일렉트릭	262,920,000
4	미국병원협회	214,818,936
5	미국제약협회	214,053,920
6	미국퇴직자협회	212,922,064
7	블루크로스/블루실드	179,500,520
8	전미부동산협회	178,352,843
9	노스럽그러먼	171,945,253
10	엑슨모빌	169,422,742
11	버라이즌 커뮤니케이션	164,424,841
12	에디슨전기협회	159,395,999
13	비즈니스라운드테이블	157,510,000
14	보잉	155,484,310
15	록히드마틴	150,411,138
16	AT&T	134,989,336
17	서던코	130,700,694
18	제너럴 모터스	127,279,170
19	전미 케이블 & 전기통신협회	123,490,000
20	PG&E	120,090,000

* 출처: Opensecrets.org

상공회의소 다음으로 큰 로비집단은 의료 관련 이익단체들
이다. 의료협회, 병원협회가 각각 두 번째, 네 번째로 크다. 개
별 기업으로는 GE가 로비에 가장 많은 돈을 쓰고 있다. 지난
10여 년간 3억 달러 가까운 돈을 로비에 썼다. 월가 금융기업들

도 로비산업에서는 큰손이다. 월가는 의회나 행정부의 금융 규제법안을 무산시키기 위해 한 해에 1억 달러를 쓴다. JP모건의 경우 아예 인하우스 로비팀을 꾸려 막강한 로비스트 군단을 거느리고 있다.

사실 의회나 행정부 법안에 따라 비즈니스에 큰 영향을 받는 기업 입장에서 로비는 필수불가결하다. 법률적 문제로 접근이 어려운 사안인 경우 특히 그렇다. 예컨대 통신보안 기업 타이코(Tyco)는 의회에서 새로운 과세법안을 논의 중이라는 첩보를 입수했다. 그 과세법안이 그대로 통과될 경우 연간 40억 달러의 세금을 더 내야 한다. 이를 막을 수 있는 유일한 방법은 로비스트를 고용하는 것이다. 타이코는 실제 아브라모프를 고용해 월 10만 달러 계약을 맺었다. 아브라모프는 의회 관련 위원회와 인맥이 있는 다른 로비스트들을 끌어모아 공동 로비에 나섰다. 핵심 의원인 찰스 그래슬리(Charles Grassley)를 매수하기 위해 모든 가능한 방법을 동원했고 결국 법안 통과를 막아냈다.

로비는 기업의 매출 및 이익과도 직결된다. 〈워싱턴포스트〉 보도가 이를 잘 보여준다. 투자리서치 회사 스트레이트가스(Strategas)가 로비에 돈을 많이 쓴 상위 50개 기업을 대상으로 재무성과를 S&P500 기업들과 비교 분석한 결과, 투자 대비 탁월한 성과를 낸 것으로 조사되었다.

민간기업뿐 아니라 정부도 로비회사의 단골 고객이다. 로비 산업을 규제해야 하는 정부가 로비회사들의 고객이라는 것은 아이러니가 아닐 수 없다. 예컨대 상무부는 무역 관련 각종 법안을 의회에서 통과시키기 위해 비밀리에 로비스트를 동원해 의원들을 상대로 설득에 나선다. 심지어 백악관도 로비회사의 고객이다. 대통령이 제안한 법안의 의회 통과를 앞두고 의회의 내부 기류를 살피거나, 개별 의원을 상대로 설득에 나설 경우 로비스트를 비밀리에 접촉하는 것으로 알려져 있다.

기업이 지배하는 사회

"월가와 거대 기업이 돈으로 정치를 매수해 사회를 지배한다. 그 결과 위기가 터졌고, 이번 기회에 이를 뿌리째 뽑지 않으면 미국은 영원히 3류 국가로 전락한다."

미국의 현실을 비판하는 지식인들이 흔히 내세우는 논리다. 이들의 논리는 한 단어로 요약된다. '기업지배 또는 기업통치(corporatocracy)' 다. 사실 미국만큼 기업의 힘이 막강한 나라는 드물다. 특히 월가의 금융기업들은 사실상 정부 위에 군림하고 있다 해도 과언이 아니다. 조금 심하게 말한다면, 역대 정권마다 재무장관은 월가의 앞잡이 역할을 했고, 이들을 통해 월가는 정부 정책이나 의회 입법을 자신의 입맛대로 주물러왔다. 물론 금융위기 이후는 대놓고 못했지만….

미국이 강점을 갖고 있는 에너지 분야의 거대 기업이나 헬스케어 산업 또한 마찬가지다. 천문학적 자금을 동원해 행정부를 움직이고, 의회를 매수해 원하는 바를 언제나 성취해왔다. 미국의 건강의료시스템이 수요자 입장에서 봤을 때 선진국 가운데 가장 낙후된 '고비용—저효율' 구조인 것도 헬스케어산업의 로비를 통한 자기보호가 워낙 세기 때문이다. 이런 면에서 보면 미국이야말로 기업지배 사회라는 말은 결코 틀린 표현이 아니다. 하지만 미국 지식인들이 쓰기 좋아하는 단어인 '사회적 통념(Conventional Wisdom)'에도 허점은 있다. 두 가지 반론이 가능하다.

첫째, 기업은 영리추구가 1차 목적이자 존재 이유다. 만약 의회가 쓸데없는 고집을 부려 규제법안을 만들거나, 증세 법안을 상정해 당장 이익의 반 토막이 사라질 처지에 놓여 있다면 기업들은 어떻게 해야 할까?

단적인 사례를 들어보자. 조상 대대로 5대째 사진틀을 만드는 A 기업이 있다. 이른바 장인(匠人) 기업이다. 어느 날 영향력 있는 스미스 상원의원이 백화점에서 A사의 액자를 구입했다. 그는 멋진 그림을 그 액자에 넣어 거실 벽에 걸어놓았다. 그런데 공교롭게도 액자가 떨어져 발을 크게 다쳤다. 스미스 의원은 곧바로 보좌관들에게 액자 규제법안을 만들라고 지시한다. 사실 미국 의회는 권한을 남용한다는 표현이 맞을 정도로 각종 규제법안 만들기에 혈안이 돼 있다.

만약 이 법안이 통과되면 A사의 매출은 거의 절반 수준으로 떨어진다. 공장 몇 군데는 문을 닫아야 하고, 직원도 절반은 집으로 가야 한다. 오너 입장에선 대대로 이어온 가업을 한순간에 잃을 수 있다. 이 사태를 막을 수 있는 방법은 무엇일까? 스미스 의원의 규제법안에 법률적인 하자가 있는 것은 아니므로 로펌을 사서 소송을 해봐야 아무 소용이 없다. 가장 효과적인 수단은 로비밖에 없다. 스미스 의원을 잘 알고, 골프도 같이 칠 수 있는 로비스트를 고용해야 한다.

물론 기업의 로비가 모두 이런 상황에서 벌어지는 것은 아니다. 특히 금융기업의 경우 과도한 탐욕을 억제시키려는 필요불가결한 규제법안도 막강한 로비력을 동원해 송두리째 무효화시키기도 한다. 하지만 상당수 기업 로비는 정치권력과 행정부의 권한 남용이나 과도한 시장 개입에서 발생하는 피해를 최소화하기 위한 보호 수단이다.

두 번째 반론은 로비가 거대 기업들만의 전유물이 아니라는 점이다. 특히 이익단체는 거대 기업들 못지않게 로비에 엄청난 물량공세를 퍼붓고 있다. 미국퇴직자협회(American Association of Retired Persons: AARP)도 대표적 로비집단으로 유명하다. 미국이 메디케이드*에 엄청난 예산을 쏟아부어 결과적으로 재정을 악화시키는 주 원인도 AARP의 로비력 때문이다. 각종 노동조합단체도 막강한 로비집단이다. 미국 최대 노동조합연맹인 전미노조총연맹(AFL-CIO)은 회원들의 이익을 위해 매년 엄청난 돈을 행정부나 의회 대상 로비에 갖다 바친다. 미국의 공교육 개혁이 매번 실패로 돌아가는 이유는 전미교육협회(National Education Association: NEA)와 미국교사연합(American Federation of Teachers: AFT)이라는 두 교사단체가 매년 엄청난 로비자금을 워싱턴 정가에 뿌리기 때문이다.

물론 AFL-CIO처럼 약자 편에 속한 회원들의 이익을 보호하기 위해 로비에 나서는 것은 일종의 국민 청원운동처럼 사회적 부의 재분배 차원에서 비난할 것은 아니다. 다만 이미 사회의 부를 상당 부분 점유하면서 더 많은 파이를 먹기 위해 로비에 나서는 이익집단들은 도덕성 측면에서 거대 기업의 로비보다

★　65세 이상 고령층 대상의 의료보험.

나을 것이 없다. 오히려 기업 로비는 영리 추구를 위한 목적이고, 이익 증대가 고용창출이나 사회 분배로 이어지지만 이익집단의 로비는 순전히 자신들의 이익만을 확대재생산하기 위한 것이나 다름없다.

이쯤 되면 원초적인 문제 제기부터 새로 해야 한다. 미국을 망치는 주범은 과연 거대 기업의 로비인가, 아니면 공공의 이익에 반하더라도 자신의 이익에 부합하면 무슨 수단을 동원해서라도 성취해내고 마는 이익집단의 로비인가? 아니면 로비를 가능하게 만든 부패한 정치인가?

워싱턴 로비의 ABC

흔히 '로비' 하면 뒷돈을 대주면서 타깃이 되는 사람을 움직여 목적하는 바를 이루는 것으로 인식하기 쉽다. 우리나라에서 음성화된 로비는 대개 그런 식으로 움직이기 때문이다. 이러한 생각으로 존스홉킨스대학 교수에게 질문을 던졌다가 창피만 당했다. 나의 질문은 대충 이랬다.

"로비스트들이 그 많은 돈을 의원들에게 갖다 바치면, 의원들은 그 돈을 어떻게 쓰나요?"

교수는 황당하다는 표정으로 대답했다.

"돈을 주는 것이 로비가 아니에요. 돈 거래가 있으면 이 나라에서도 감옥으로 가요."

그렇다면 로비가 합법화된 나라에서의 로비는 대체 어떤 행태일까. 로비스트들의 말과 그들이 쓴 책을 종합해보면 로비 행태는 그야말로 다채롭다. 한 가지 예를 보자. 메이저리그 야구경기나 풋볼, 유명 콘서트, 뮤지컬의 VIP 좌석은 1000달러가 넘는게 보통이다. 그럼에도 경기나 공연을 앞두고선 순식간에 표가 동이 난다. 워낙 부자들이 많기도 하지만 분명 어디선가 표를 싹쓸이했다는 의심이 든다. 실제 그렇다. 인기 스포츠경기나 유명 공연의 가장 좋은 좌석은 대부분 로비회사들이 독차지한다.

값비싼 티켓은 기존 고객뿐 아니라 명성 있는 잠재고객 확보를 위해서도 쓰인다. 예컨대 스포츠경기나 콘서트에 로비 대상이 되는 유력인사를 초대해 최소 2시간 동안 얼굴을 맞대고 이야기를 나누면 자연스럽게 친분관계가 형성된다. 한마디로 관계를 맺는 데 그만큼 효과적인 수단이 없는 것이다. 이 때문에 워싱턴 정가에서는 로비회사들이 일종의 티켓마스터* 역할을 한다는 우스갯소리도 나온다. 로비회사들은 좋은 티켓을 확보

★　뉴욕 브로드웨이 공연 티켓을 독점 판매하는 회사.

하기 위해 치열한 경쟁도 벌인다. 대형 회사들 중에는 주요 이벤트를 미리 체크해 연초에 물량을 한꺼번에 확보하는 데만 150만 달러를 쓰는 곳도 있다.

로비스트들은 유력인사와 친분관계를 맺거나 잠재고객을 끌어들이기 위해서라면 금전거래만 제외하고 모든 일을 다한다. 값비싼 공연 초청은 그중 하나일 뿐이다. 때로는 의원들이 최고급 프라이빗 골프장에서 라운딩하는 것을 스폰서하기도 한다. 또는 해외여행이나 고급 리조트도 예약해준다. 어찌 보면 이 역시 일종의 금전거래라고 의심받을 소지가 크지만 대부분 이벤트를 진행하면서 초청하는 형태로 법망을 빠져나간다.

이런 측면에서 보면 로비 수단이 어디까지가 합법이고, 어디서부터 불법인지 미국에서조차 기준이 명확하지 않다. 로비는 요건만 갖추면 합법적이지만 로비가 이뤄지는 모든 과정은 철저히 비밀에 부쳐지기 때문에 외부로 드러나기도 어렵다. 또 대부분의 로비 수단이 불법은 아니더라도 비정상적인 절차를 통하기 때문에 공개될 경우 대중의 반발을 살 수밖에 없다. 특히 언론에 공개되면 끝장이다. 그만큼 로비는 리스크가 큰 영역이다. 아브라모프도 그의 비정상적인 로비 행각을 〈워싱턴포스트〉가 폭로하면서 세기의 로비 스캔들 주인공이 되었고 그동안 쌓아왔던 재력과 명성이 한순간에 날아갔다.

물론 룰을 지키면 탈이 생기지 않는다. 하지만 룰을 지키면서 로비를 하려면 로비 과정이 투명하게 공개되어야 하고, 시간이 걸리며, 성공하기 쉽지 않다. 때문에 대부분의 로비스트들이 커튼 뒤에서 다양한 수법으로 타깃을 매수하면서 로비한다. 이 때문에 로비는 합법화된 미국에서조차 부패의 대명사로 통한다. 대개의 불법적인 로비는 로비스트 스스로가 의도적으로 일으키는 경우가 많다. 특히 성공이 어려울 경우(예컨대 의뢰인 입장이 크게 불리할 때), 로비스트는 의도적으로 룰을 어기면서 리스크 측면을 부각시켜 수임료를 더 많이 챙기는 수법을 쓴다. 실제 최고 로비스트로 이름을 날리다 감옥행 신세가 된 제럴드 에반스(Gerald Evans)는 고객에게 법적으로 큰 문제가 생길 수 있는 것처럼 거짓 이메일을 보낸 후 수임료를 더 올렸다. 결국 메일 사기죄로 유죄 선고를 받았다.

로비 관련법에서는 로비 과정에서 선물이나 뇌물수수를 금지한다. 책에 서명을 해서 준다든지, 5달러 이하의 선물은 허락된다. 개인수표는 선거위원회를 대상으로 발행될 때만 가능하고, 의원 개인에게는 안 된다. 현금이나 주식 수수는 더더욱 안 된다.

일상적 로비를 제외하고 로비스트가 유력인사를 움직일 수 있는 가장 큰 수단은 선거에 개입하는 것이다. 선거자금 모금을 도와주는 형태로 로비를 하는 것이다. 당선에 목을 맨 의회 의원들에게 이보다 더 강력한 마약이 없다. 선거 기간 자금모금은 보통 정치행동위원회(PAC)를 결성해 이뤄지며, 로비스트가 일종의 펀드레이저★로 나서 특정 후보를 지원하기 위한 PAC 결성을 주도하는 일도 종종 벌어진다. 이는 정치가 로비에 지나치게 흔들리는 원인이 되기도 한다. 이 때문에 오바마 대통령이 로비 개혁을 위해 추진했던 것 중의 하나가 '로비스트의 PAC 결성 금지'였다. 하지만 오바마 역시 그동안 끌어모은 상당수 정치자금에 로비스트가 개입되었다는 사실이 드러나면서 로비 개혁은 없었던 일이 되고 말았다.

로비회사들이 고객과 계약할 때는 보통 두 가지 방식을 취한다. 첫째는 연간 또는 월 단위로 정액수수료를 받는 형태다. 보통 적게는 월 1만 달러에 계약하는 곳도 있지만 명성 있는 로비회사는 월 30만 달러도 받는다. 두 번째는 로펌의 법률자문처럼 시간당 비용을 청구하는 것인데, 큰 로비회사의 경우 시간당 500달러를 받는다. 로비회사는 유능한 로비스트를 얼마나 많이 고용하고 있느냐가 성패를 좌우한다. 때문에 로비회사 간의 치열한 인력 쟁탈전이 벌어진다. 보통 거물이 움직이면 그

★ Bundler라고도 함.

가 거느리는 팀원들은 물론 고객들도 그대로 따라간다. 이 과정에서 전직 로비회사와의 법률 분쟁도 일어난다.

로비회사들은 보통 특정 정당 편향을 갖지만 정치적 필요에 따라 정당을 바꾸기도 한다. 예컨대 최상위 로비회사에 속하는 캐시디앤어소시에트(Cassidy & Associate)의 경우 오랫동안 의회 다수당인 민주당에 줄을 대서 로비를 벌여왔으나 부시 시절 다수당이 공화당으로 넘어간 이후 공화당 커넥션을 가진 로비스트를 대거 스카우트하여 성향을 공화당으로 바꿨다.

미국에서 총기소유가 금지되지 않는 이유

다수 이익단체들이 로비를 통해 어떻게 자신의 이익을 보호하는지를 단적으로 보여주는 사례가 바로 전미총기협회(NRA)다. 미국에선 적어도 한 해에 두서너 건의 대형 총기사고가 발생한다. 특히 아이들이 다니는 학교에서 심심치 않게 벌어지는 총기사고는 부모들에게 엄청난 충격을 안겨준다. 이런 사고가 터질 때마다 학부모단체들이 나서 총기소유금지를 주장하는 캠페인을 벌이고, 의회에서도 총기소유를 금지하는 법안을 때때로 상정하기도 한다. 하지만 이런 충격에도 불구하고 미국에서 총기소유는 헌법이 제정된 이래 한 번도 금지된 적이 없다. 왜 그럴까?

미국이란 나라가 워낙 개인의 자유를 숭배하는 나라인지라 총기소유 역시 넓게 보면 개인의 자유 영역이라는 생각이 역사적으로 뿌리가 깊기 때문이다. 개척시대 광활한 영토에 정착한 이주민들이 스스로를 보호하기 위한 수단으로 총기소유를 일반화한 것도 역사적 배경이다. 수정헌법의 제2조가 일종의 무장의 자유(the right of the people to keep and bear arms)를 보장하는 것이니 더 이상 두말할 나위가 없다.

사실 총기소유 문제는 사회적으로도 큰 논쟁거리다. 매년 끔찍한 대형 총기사고가 발생하지만 만약 개인의 총기소유가 금지됐다면 더 많은 범죄와 사고가 끊이지 않았을 것이란 주장도 만만치 않다. 그럼에도 불구하고 총기소유 찬반 설문조사에서는 매번 절반 이상의 미국인들이 총기소유를 반대한다.

이처럼 총기소유 반대 여론이 높은데도 이제껏 금지되지 않는 가장 큰 이유는 다른 데 있다. 바로 NRA의 막강한 로비력 때문이다. NRA가 대체 어떤 단체이기에 그토록 파워풀할까. NRA는 1871년에 설립돼 무려 150년 가까운 역사를 갖고 있으며 회원 수는 4300만 명에 달한다. 회원과 일반인을 대상으로 총기사용법 강좌에서부터 사냥이나 슈팅 등 총기 관련 스포츠에 이르기까지 각종 사업도 운영한다. NRA 본부는 북버지니아 페어팩스에 있다. 우연히 이곳을 지나가다가 총기박람회 행사가 열리는 것을 봤다. 박람회를 보려 몰려든 사람들로 장사진을 이뤘는데 입장을 기다리는 줄이 수백 미터는 족히 돼보였다.

NRA의 파워는 4300만 명에 달하는 회원들로부터 나오며 이들은 각 주나 카운티별 산하 단체에 소속돼 조직력이 대단하다. 이런 결속력을 무기로 정치에 참여해 막강한 영향력을 행사한다. NRA 홈페이지에서는 아예 스스로를 로비단체라고 떳떳이 밝히고 있다. 산하에 입법조치연구소(Institute for Legislative Action: ILA)라는 별도의 로비회사도 소유하고 있다.

NRA가 정치에 참여하는 행태를 보면 실로 입이 다물어지지 않는다. NRA의 정치개입은 주로 선거를 통해 이뤄지며 1980년 레이건과 카터가 맞붙은 대선 때부터 조직적으로 개입해왔다. 개입하는 방식은 두 가지다. 첫째는 총기소유를 찬성하는 후보를 위해 대규모 정치자금 모금 행사를 여는 것이고, 둘째는 회원들의 결속력을 이용해 특정 후보에게 몰표를 던지는 것이다. 돈으로 좌우되는 미국 정치 속성상 자금모금은 선거 당락의 주요 변수다. 2008년 대선에서도 NRA는 오바마를 총기소유 찬성 쪽으로 돌려놓기 위해 무려 1억 달러를 쏟아부었다. 사실 자금모금보다 더 막강한 것이 4300만에 달하는 몰표다. 이 정도면 대선의 당락을 좌우하고도 남는 규모다. 대선에 도

전하는 후보들이 감히 총기소유 금지를 공개적으로 표명하기 힘든 이유이기도 하다.

NRA의 위력을 보여주는 사례를 보자. NRA의 지원사격으로 2008년 대선에서 공화당 맥케인 후보를 물리치고 당선된 오바마는 3년 후인 2011년 민주당 의원들과 함께 총기소유 제한을 추진했다. 이 소식을 들은 NRA 회장 웨인 라피에르(Wayne LaPierre)는 "왜 내가 수정헌법 2조를 무시하는 데 평생을 허비하는 사람들과 같이 있어야 되는가"라고 딱 한마디를 던졌다. 그 뒤로 총기소유금지 법안 추진은 없었던 일이 돼버렸다.

놀라운 사실은 역대 미국 대통령 가운데 8명이 아예 NRA 멤버였다는 점이다. 루스벨트, 아이젠하워, 케네디, 닉슨, 레이건에 이어 조지 W. 부시 역시 그랬다. NRA의 영향력이 이 정도이니 〈포춘〉이 의원들과 스태프들을 대상으로 '누가 가장 파워풀한 로비단체인가'를 묻는 설문조사에서 NRA가 수위를 차지한 것도 결코 이상한 일이 아니다.

불황을 모르는 고급 레스토랑

1930년 대공황 이후 최대 위기라는 2008년 금융위기를 맞아 월가는 물론 메인스트리트(실물경제)가 송두리째 휘청거리는 와중에도 유독 호황을 유지해온 분야가 있다. 바로 로비산업이다. 미국의 정치와 역사를 같이하는 로비는 1970년대 이후 급팽창하기 시작해 한번도 위축된 적이 없었다. 최근 10여 년을 보면 성장 속도를 보여주는 그래프가 거의 45도다. 2000년 로비산업 규모는 15억 달러 정도였으나 2003년에 20억 달러를 넘어서기 시작해 2011년에는 35억 달러에 육박했다. 정부에 보고된 공개 로비자료가 이 정도니 비공개 로비자금까지 합하면 연간 100억 달러가 넘는다는 추산도 있다.

로비산업은 금융위기에도 아랑곳하지 않고 꾸준히 성장해왔다. 로비회사들이 밀집한 워싱턴DC가 위기 이후에도 소비가 줄지 않고 활기에 넘친 것도 따지고 보면 K스트리트에 근거를 둔 로비산업의 호황 덕분이다. 불황에도 유독 로비산업이 잘나가는 것은 무엇보다 정부 기능 확대와 무관하지 않다. 금융위기 이후 미국 정부는 규제 강화를 위해 정부 권한은 물론 기능을 대폭 확대했다. 의회도 마찬가지다. 위원회마다 규제법안이 쏟아졌다.

자고로 정부와 의회의 권한과 기능이 커지면 컨설팅 관련 업종이 가장 번성하기 마련이다. 어느 나라나 마찬가지로 공무원이나 의원들의 머릿속에는 새로운 대안이 없기 때문에 컨설팅

회사를 고용해 그럴듯한 정책을 내놓는다. 반대로 정부의 수요자라 할 수 있는 민간 사이드에서도 역시 정부와 의회를 상대하기 위한 컨설팅 수요가 급증한다. 광의로 보면 컨설팅 영역에 속하는 로비 수요 또한 커질 수밖에 없다. 특히 기업들은 규제가 비즈니스 생사와 직결되는 만큼 로비에 대한 집착이 더욱 강해진다. 집착은 더욱더 프로페셔널한 로비스트를 고용하려는 경쟁으로 이어지고, 로비스트에게 갖다 바치는 돈 역시 자연스레 올라간다.

위기 이후 정부가 대대적인 재정 확대에 나선 것도 로비산업 팽창에 기여했다. 미국 정부는 천문학적 재정적자에도 불구하고 당장 급한 불을 끄기 위해 금리인하는 물론 민간에 대한 대규모 재정 지원에 나섰다. 월가를 상대로 한 구제금융도 비슷한 맥락이다. 정부가 돈을 풀면 그것을 따내기 위한 민간의 경쟁은 치열해질 수밖에 없다. 자연히 중간에 로비가 동원된다. 로비산업이 호황을 맞는 이유다.

〈워싱턴포스트〉는 금융위기 이후 "워싱턴DC가 기업 입장에서 이익을 창출하는 중심지가 되고 있다"고 일갈했다. 기업들이 정부 지원을 따내기 위해 혈안이 되었다는 것을 우회적으로 표현한 것이다. 사실 정부 돈은 기업 입장에선 '눈먼 돈'이나 다름없다. 먼저 갖다 쓰는 사람이 임자다. 때문에 로비스트를

고용하는 것은 어찌 보면 당연하고, 로비에 투자하는 것 이상
으로 이익을 뽑아낼 수 있다.

〈워싱턴포스트〉에 따르면 캘리포니아에 본사를 둔 휴렛팩커
드(HP)는 로비스트를 고용해 대표적으로 이득을 본 케이스다.
HP는 2011년 공화당이 제조업 부흥을 위해 감세법안을 준비
중이란 정보를 입수하고 곧바로 로비스트를 고용했다. 법안은
해외지사를 철수하고 미국 내로 유턴하는 기업에는 과감하게
세금을 깎아주는 것으로, 마침 해외지사 몇 곳을 철수하는 문
제를 놓고 심각히 고민 중인 HP에게는 반가운 소식이나 다름
없었다. 만약 법안이 통과되면 연간 최소 수천만 달러의 혜택
을 보기 때문이었다. HP는 치열한 막전막후의 로비를 벌여 법
안을 통과시켰으며 수천억 달러 이상의 세금을 아낄 수 있었
다. 이는 고스란히 순이익으로 남는다. 로비스트 고용에 쓴 돈
이 73만4000달러인 점을 감안하면 투자 대비 수익률은 최소 수
십 배에 달한다.

로비산업 호황으로 가장 덕을 보는 곳은 엉뚱하게도 워싱턴
DC에 있는 고급 레스토랑들이다. 금융위기 이후 소비가 얼어붙
은 가운데서도 워싱턴DC 경기는 불황을 탄 적이 없다. 〈워싱턴
포스트〉는 두 가지로 이유를 분석했다. 첫째는 워싱턴DC에서
소비하는 상당수가 행정부나 의회에 근무하는 공무원들이며 이

들의 직업이 안정적인 만큼 불황을 크게 타지 않는다는 것이다. 더구나 정부 기능 확대로 공무원의 숫자가 오히려 늘었다. 둘째는 정부 기능이 확대되면서 여기에 기생하는 산업이 호황을 맞았기 때문이다. 법률, 컨설팅, 로비산업이 대표적이다.

특히 로비는 사람과 길거리를 상대로 돈을 뿌리는 산업인 만큼 이 덕분에 혜택을 보는 대표 업종이 레스토랑과 호텔이다. 로비스트가 워싱턴 정가 고위 멤버나 행정부 관료를 만나 일상적으로 로비하는 장소가 대부분 고급 레스토랑이나 호텔이기 때문이다. 한국에서도 경기가 호시절일 때 온갖 로비와 접대가 은밀하게 이뤄지는 서울 강남의 룸살롱이 성황을 이루는 것과 비슷하다.

워싱턴DC에는 로비로 유명한 레스토랑이 여러 곳 있다. 시그네이처(Signature), 캐피탈그릴(Capital Grille), 아카이브레스토랑(Archives Restaurant), 스택스델리카트슨(Stacks Delicatessen) 등이 대표적이다. 특히 펜실베이니아 애비뉴에 있는 시그네이처는 잭 아브라모프가 직접 소유한 곳으로 거물들을 초대해 로비 장소로 쓰였던 레스토랑이다(지금은 문을 닫았다). 역시 같은 곳에 있는 캐피탈그릴은 공화당 거물들이 주로 찾는 곳으로 저녁식사의 경우 보통 수백 달러에 달한다. 프라이빗룸까지 갖추고 있으며, 메뉴에는 없지만 최고급 와인을 곁들인 맞춤

형 식사도 가능하다. 이 경우 가격은 최소 1인당 1000달러 이
상이다.

미국을 움직이는 이스라엘

Q 다음은 무슨 순위일까?

　1위 AARP, 2위 AIPAC, 3위 AFL-CIO, 4위 NRA

〈포춘〉이 워싱턴DC에서 정책을 변화시키는 가장 파워풀한 로
비단체를 꼽은 순위다. 로비의 타깃인 의원이나 스태프들을 대
상으로 설문조사한 것이므로 가장 신뢰 있는 조사결과가 아닐
까 싶다.

　1위인 미국퇴직자협회(American Association of Retired Persons:
AARP)는 척박한 복지국가 미국에서 그나마 유일한 사회보험인
메디케어를 정부가 만들도록 뒤에서 배후 조종한 단체이기도
하다. 2위인 미국이스라엘공공문제위원회(American Israel Public
Affairs Committee: AIPAC)는 이스라엘 로비단체다. 미국 내 영향력
이 큰 상위 로비집단 중 제3의 국가와 연관된 단체가 포함되기
는 이스라엘 로비단체가 유일하다.

미국 내 친이스라엘 세력의 로비력은 실로 대단하다. 그래서인지 이스라엘 로비를 집중 파헤친 책이 유독 많으며 그중 하나인 《이스라엘 로비와 미국의 외교정책The Israel Lobby and US Foreign Policy》을 쓴 스테판 월트(Stephen Walt) 하버드대 케네디스쿨 교수는 "미국 역사상 어느 민족도 유대인만큼 외교정책에 깊숙이 개입하고, 영향력을 미치지 못했다"고 서술했다.

월트 교수에 따르면, 미국에는 친이스라엘 로비단체가 무려 75개에 이른다. 그중 대표적인 것이 AIPAC다. 이들은 특히 정치에 조직적으로 개입해 영향력을 행사한다. 선거 때마다 친이스라엘 후보에게 대규모 선거자금을 지원한다. 미국 내 유대인 비중은 고작 3퍼센트에 불과하다. 하지만 월가를 장악한 그들이 막강한 금권력을 이용해 치밀하게 선거에 개입하고, 정치에 막강한 영향력을 행사하는 것을 보면 다른 로비집단들의 추종을 불허한다.

유대인들은 대통령 선거에서도 막강 파워를 자랑한다. 특히 선거에 영향력이 큰 핵심 주*의 부자 동네에 몰려 살기 때문에 누가 대통령이 될지를 결정하는 데 열쇠 역할을 한다. 역대 대통령 선거를 보면 유대인의 지지를 받지 못한 후보가 당선된

★   캘리포니아, 플로리다, 일리노이, 뉴저지, 뉴욕, 펜실베이니아 등.

적이 없었다. 이는 미국 선거를 좌지우지하는 돈을 유대인들이 장악하기 때문이다. 〈워싱턴포스트〉에 따르면 민주당의 선거 자금 중 60퍼센트는 유대인에게서 나온다.

선거 외에 유대인들의 일상적인 로비는 미디어와 싱크탱크, 아카데미아(학계) 등 세 곳에 집중된다. 세 곳이야말로 여론을 움직이는 데 가장 영향력 있는 집단이기 때문이다. 예컨대 유대인들이 미디어를 어떻게 이용하는지 보자. 주 포섭 대상은 지역 유명 일간신문이나 전국망을 가진 뉴스 네트워크, 명망 있는 분석 잡지 등이다. 유대인 로비단체들은 이들 주류 언론이 중동 문제를 일관되게 친이스라엘 관점에서 접근하도록 유도한다. 이 중심에 마틴 페레츠(Martin Peretz), 모티머 주커먼(Mortimer Zuckerman) 같은 유대인 칼럼니스트가 있다.

마틴 페레츠는 워싱턴 정가에 영향력이 큰 〈뉴리퍼블릭The New Republic〉이라는 보수 잡지를 소유하고 직접 편집자로 칼럼을 쓰거나 다른 신문에 중동 관련 칼럼을 기고하면서 친이스라엘 인식을 대중에게 전파하는 일등공신 역할을 해왔다.

이들의 주장은 "이스라엘의 이익은 곧 미국의 이익과 일치하며, 아랍의 이익은 미국의 이익과 반한다"는 것이다. 다시 말해 이스라엘은 '선', 아랍은 '악'이라는 이분법을 교묘히 미국인들의 뇌리에 심고 있는 것이다. 평균적인 미국인이 아랍이나 이슬람권 국가를 적대국으로 인식하고 있는 것도 이 같은 유대인들의 오랜 기간 치밀하고도 교묘한 로비 결과물이 아닐까 싶다. 때문에 미국 내 중동정책 전문가인 로버트 H. 트리스(Robert H. Trice)는 칼럼을 통해 이렇게 우회적으로 지적했다. "친아랍 단체들의 가장 큰 정치 핸디캡은 유명하고 전국적인 지명도를 가진 칼럼니스트를 한 명도 갖고 있지 못하다는 점이다." 미국 지식인 사회에서는 "이스라엘이 미국 언론을 움직인다"는 말이 공공연하게 나올 정도다.

행정부에 끼치는 영향력이 큰 싱크탱크에 대한 로비에서도 결코 뒤지지 않는다. 유대인은 심지어 대형 싱크탱크조차 입맛에 맞게 마음대로 조종한다. 대표적 두뇌집단인 브루킹스는 친이스라엘 단체들이 어떻게 싱크탱크를 조종하는지를 보여주는 극명한 사례다. 브루킹스는 한때 중동에서 미군을 철수하고 팔레스타인 문제는 스스로 알아서 해결하는 것이 옳다는 주장을 일관되게 폈다. 하지만 브루킹스 내 중동문제 전문 센터인 사반센터(Saban Center)가 설립된 이후 180도 달라졌다.

이 센터는 2002년 과격 시온주의자이면서 할리우드 갑부 출신의 하임 사반(Haim Saban)이 1300만 달러를 기부해 설립됐다. 즉 친이스라엘 세력들이 돈의 힘을 이용해 자신들에게 미온적인 브루킹스의 시각을 정반대로 바꿔버린 것이다. 친이스라엘

단체들은 이것도 부족해 아예 자신의 입장을 논리적으로 생산해 전파하는 자체 싱크탱크도 설립했다. 유대인국가안보연구원(Jewish Institute for National Security Affairs: JINSA), 중동포럼(Middle East Forum: MEF) 등이 대표적이다.

미국 내 상당한 지식인층은 유대인들의 영향력에 휘둘리는 외교정책을 몹시도 못마땅하게 생각한다. 가장 큰 이유는 이스라엘을 일방적으로 지지함으로써 얻는 것보다 잃는 것이 더 많다는 것이다. 단적인 예로, 아랍권과 이슬람 국가들 사이에 반미 감정을 키우고 있을 뿐 아니라 다른 국가들에게도 미국 이미지를 나쁘게 심는 부정적 역할을 한다는 것이다. 이슬람 테러단체들이 갈수록 과격해지는 것도 이 같은 미국의 일방적인 외교정책 탓이 크다는 게 그들의 주장이다.

양날의 칼, 로비

로비는 양날의 칼과도 같다. 정치를 부패시키고, 가진 자의 뜻대로 세상을 움직이게 만드는 부정적 측면을 간과할 수 없지만 때로는 긍정적 기능도 한다. 역설적이게도 힘없는 다수의 대중이 대의(代議) 민주주의 정치에 직접 참여해 이해를 관철시키는 훌륭한 수단으로 로비가 작용하는 경우도 있기 때문이다. 이런 까닭에 로비회사들은 자신을 방어하는 가장 효과적인 논리로 이를 내세운다.

가장 대표적 사례가 미국퇴직자협회(AARP)다. 은퇴한 50세 이상 고령자들의 이익단체다. AARP는 단일 이익단체로는 미국에서 가장 강력한 로비집단으로 유명하다. 복지에 관한 한 후진국이라 해도 과언이 아닌 미국이 그나마 메디케어로 불리는 노인 대상의 보편적 복지시스템을 갖추게 된 것도 AARP의 강력한 로비력 덕분이다. AARP는 어떻게 워싱턴 정가도 두려워할 정도의 영향력을 갖추게 됐을까? 비결은 돈에 있지 않다. 보통 로비는 돈 많은 대기업이나 부자들의 전유물로 인식하기 쉽지만 AARP의 로비력은 결코 돈에 있지 않다.

가장 강력한 수단은 바로 4000만 명에 달하는 회원들을 움직일 수 있는 조직력이다. 특히 AARP의 강력한 조직력은 선거에서 엄청난 위력을 발휘한다. AARP는 50개 주는 물론, 주 산하 카운티, 타운 등 소규모 단위에 이르기까지 거미줄처럼 촘촘하게 조직돼 있다. 예컨대 W 주의 하원의원 선거에 출마한 A라는 후보가 노인복지 지원비를 깎겠다고 주장(감히 그런 주장을 할 후보는 없겠지만)한다고 가정해보자. 당장 AARP는 A에게 이메일을 보낸다. "W 주에 AARP 회원이 50만 명이다. 당신의 낙선

운동을 벌이겠다. 각오하시라." 보통 하원의원 선거에서는 1만
~2만 표가 당락을 좌우하는 마당에 50만 표는 실로 엄청난 것
이다. A의원은 곧바로 두 손 들고 항복을 선언한다.

　AARP는 회원들의 단결력도 대단하다. 회원 대부분이 은퇴
후 연금 등 정부가 지원하는 돈으로 생활하는 노인들인 만큼
정치에 대한 관심도나 참여도도 다른 연령대에 비해 매우 높
다. 이 때문에 AARP는 의회 선거뿐 아니라 대통령 선거에서도
강력한 영향력을 행사한다.

　물론 AARP와 같은 대중 이익단체의 로비활동은 동전의 양
면을 갖고 있다. 힘없는 다수 대중들의 이해를 대변해 정치 영
향력을 키우는 긍정적 측면이 있는 반면 막강한 표를 갖고 있
다는 이유로 정치를 지나치게 포퓰리즘으로 변질시킨다. 결과
적으로 국가 재정을 낭비하게 만드는 요인이 된다.

FALLING AMERICA

| 제2장 |

돈에 물든 타락한 정치

당나귀와 코끼리

국회의사당에서 남쪽으로 캐피톨(Capitol)스트리트를 따라 세 블록 정도 내려가면 민주당 본부가 나온다. 건물 1층 로비에 들어서면 뜻밖에도 당나귀 그림이 눈에 띈다. 바로 민주당 상징물이다.

당나귀는 고집 세고, 주인 말을 안 듣는 이미지를 풍긴다. 그런데 어떻게 민주당의 상징이 되었을까? 역사는 1870년으로 거슬러 올라간다. 그 시절 토마스 네스트(Thomas Nast)라는 유명한 정치 풍자 만화가가 있었다. 그가 민주당을 당나귀에 비유해 만평을 그린 데서 민주당의 상징이 시작되었다.

만평에서 당나귀는 남북전쟁 시기에 공화당의 근거지인 북

토마스 네스트가 민주당을 풍자하며 그린 만평. 당나귀 등에 써진 Coperhead는 남북전쟁 당시 민주당을 지칭하는 용어였다.

부에 살면서 남부를 지지한 민주당원들을 상징한다. 당나귀가 발길질하는 죽은 사자는 남북전쟁에서 북군의 승리를 이끈 주역인 에드윈 스탠튼(Edwin M. Stanton) 장군이다. 링컨 정부에서 국방장관을 지낸 인물로 남북전쟁이 끝난 후 운명했다.

북부의 민주당원들 중에는 남북전쟁을 줄창 반대한 사람들이 많았다. 그들은 북군의 승리로 전쟁이 끝나자 스탠튼을 겨냥해 뒤에서 엄청 욕을 해댔다. 그들의 하는 짓이 당나귀 같다는 뜻에서 네스트는 당나귀를 등장시켜 만평을 그린 것이다. 네스트는 이후에도 민주당을 풍자하는 당나귀 만평을 자주 연재했으며 이 이미지가 워낙 강하게 인식돼 오늘날까지 민주당의 상징이 된 것이다. 물론 민주당은 당나귀 이미지가 싫었지만 세월이 흐르면서 자연스레 심볼로 자리 잡았다.

일각에선 민주당의 당나귀가 7대 대통령 앤드류 잭슨을 일컫는다고 말한다. 네스트가 당나귀 만평을 그리기 훨씬 전인 1837년 잭슨 대통령을 당나귀에 빗댄 만화가 있었기 때문이다. 실제 잭슨은 재임 중 중앙은행을 '부자들의 놀음 은행'이라 비난하며 은행계를 상대로 뱅크워(Bank War)를 선언한 인물이다. 그의 고집불통과 무대뽀는 종종 당나귀에 비유되었다. '바보' 라는 뜻의 영어단어 jackass도 잭슨 대통령에서 비롯됐다는 이야기도 있다. 잭슨의 고집불통 때문에 온갖 수모를 겪었던 사람들이 잭슨을 욕할 때마다 Jack과 ass를 합친 단어인 jackass 라고 불렀다는 것이다. 믿거나 말거나다.

반면 공화당의 상징은 코끼리인데 역시 네스트가 그린 만평에서 비롯됐다.

네스트가 그린 첫 코끼리 만평은 당나귀(민주당)가 사자로 변장해 동물들을 놀래키자 뒤에 서 있던 코끼리(공화당) 역시 깜짝 놀라 날뛰는 장면이다. 공화당의 하는 짓이 미련곰탱이 코끼리 같다는 의미로 그렸다. 역시 이후 수차례 코끼리 만평이 연재되면서 미국인들에게 강렬한 이미지를 심었고, 결과적으로 공화당의 심볼로 자리 잡았다.

민주당과 공화당 역사를 보면 흥미로운 점이 있다. 남북전쟁을 경계로 민주당과 공화당의 노선이 바뀌었다는 점이다. 남북

토마스 네스트가 공화당을 풍자하며 그린 만평.

전쟁 이전에 공업화가 진전된 북부를 기반으로 한 공화당은 산업사회를 주창하며 정부 역할을 강조한 데 반해 농업이 주류인 남부에 기반을 둔 민주당은 연방정부의 간섭을 싫어해 정부로부터 독립을 지향했다. 하지만 남북전쟁 이후 두 정당은 입장이 180도 바뀌었다. 공화당은 특히 경제적 보수주의와 맞물리면서 자유시장에 기반한 작은 정부를 줄곧 주창했고, 민주당은 대공황 이후 정권을 넘겨받은 후 1960년대까지 정부의 시장 개입을 옹호하는 케인지언 모델을 현실 정책에 반영시켰다.

각종 이슈에 대한 양당의 노선 차이는 분명하지만 어떨 때는 노선이 혼동되기도 한다. 예컨대 공화당은 보수당이지만 극단적 보수(티파티(Tea Party) 같은 경우) 세력은 거의 무정부주의에 가까운 자유방임을 주장한다. 오히려 시장자유를 제한하는 민주당이 보수처럼 보이고, 공화당은 매우 진보적으로 비치기도 한다.

의회와 집권당 역사도 흥미롭다. 의회에서는 역사적으로 민주당이 우세를 점한 세월이 훨씬 길다. 대공황 이후 다수당이 된 민주당은 1994년 공화당에 넘겨주기 전까지 딱 두 차례(1946년과 1958년 중간선거)를 제외하고 거의 60년 이상 다수당을 유지해왔다. 이른바 깅그리치혁명으로 불리는 1994년 중간선거에서 공화당에 참패한 이후 2006년까지 12년간 소수당으로 물러나 있다가 2006년 중간선거에서 다수당으로 복귀했다. 지금은 상원에선 다수당이지만 하원에선 소수당이다.

반면 역대 대통령 선거에서는 공화당이 우세했다. 7대 대통령 앤드류 잭슨 때 민주당과 공화당이 분리된 이후 민주당은 16명, 공화당은 22명의 대통령을 각각 배출했다. 공화당 대통령 중 가장 민주당스런 대통령은 닉슨이 꼽힌다. 두 가지 점에서 그렇다. 첫째는 통화제도와 관련해 공화당 정책인 금본위제를 폐기하고 자유변동환율제로 돌아선 점이다. 2012년 대선에서 공화당 경선 후보로 뛰었던 론 폴(Ron Paul) 전 상원의원이 금본위제로의 귀환을 공개적으로 주장할 정도로 금본위제는 정통 공화당의 상당한 지지를 받는다.

여기에는 두 가지 이유가 있다. 첫째는 금본위제가 되면 인플레이션 걱정이 사라진다는 것이고, 보다 현실적인 두 번째 이유는 금본위제가 되면 무소불위의 연방준비제도이사회(FRB)의 힘을 무력화시킬 수 있다는 것이다. 보유량이 한정된 금이 본원통화가 되면 FRB의 통화정책이 의미없어지기 때문이다. 공화당 강경파들은 2008년 금융위기를 일으킨 원인 제공자가 바로 앨런 그린스펀을 필두로 한 연준인데, 위기가 터진 후 오히려 시장 감독을 핑계로 몸집을 키우고 있다며 신랄하게 비판했다.

여하튼 닉슨이 민주당스런 두 번째 이유는 경제정책에서 연유된다. 그가 집권하던 1970년대 초는 1차 오일쇼크로 물가가 뛰고 경제는 침체되는 스태그플레이션 상황이었다. 그는 시장 개입을 최소화하는 보수주의 원칙과는 어긋나게 강제로 물가와 임금을 억제하는 시도를 했다. 그러면서 내던진 말이 "We are all Keynesians now(우리는 모두 케인지언이다)"였다. 이는 두고두고 보수주의자들로부터 비난을 받았다.

일각에선 두 정당의 색깔 구분이 갈수록 모호해진다는 분석도 있다. 특히 금융위기 이후 부시 공화당 정부와 오바마 민주당 정부의 정책 노선에 거의 차이가 없다고 주장한다. 실제 역사적으로 위기가 터졌을 때는 두 정당의 노선이 중간으로 수렴하는 속성이 강했다.

진보와 보수의 치열한 대결

미국 생활 1년 동안 나의 근거지였던 존스홉킨스 국제관계대학원(SAIS)은 DC 중심부에 있다. 메트로역에서 내려 학교로 걸어가는 도중 18번가와 N스트리트가 만나는 지점에 NRA(National Restaurant Association)라는 건물이 있다. 우리말로 번역하면 전국요식업협회쯤 된다. 이곳을 지날 때마다 2012년 치러진 공화당 대선후보 경선에서 중도 탈락한 허먼 케인(Herman Cain)이 생각난다.

케인은 갓파더(Godfather)라는 피자체인점 사장 출신의 유일한 흑인 후보로 한창 주가를 날리다가 성추문 의혹에 휩싸여 중도하차했다. 문제의 성추문은 그가 NRA 회장으로 있을 때 벌어진 일이었는데 케인이 선거운동을 중단하자 건물에 내걸린 지지 포스터도 감쪽같이 사라졌다.

공화당 경선을 가까이서 지켜본 나로서는 후보들이 서로 헐뜯고 약점을 들춰내고 때로는 인신공격까지 불사하는 정치적 행태에선 한국과 그다지 다른 점이 없다는 것을 발견했다. 케인을 몰락시킨 성추문도 경쟁자인 릭 페리(Rick Perry) 전 텍사스 주지사측에서 언론에 흘려 외부로 불거진 것이었다.

그럼에도 불구하고 한국 정치와 다른 점은 미국 정치는 확실히 이념이 기본 바탕을 이루고 있다는 점이다. 포퓰리즘만 있을 뿐 이념과는 무관한, 다시 말해 진정한 보수, 진정한 진보가 없는 한국의 정당정치와는 상당한 차이가 있다. 물론 반론도 있겠지만 적어도 내 생각에는 보수와 진보의 치열한 대결은 우리 정치에는 없다. 특히나 이념에 따라 노선 차이가 확연한 경제문제와 관련해 새누리당과 민주당의 접근 방식에서 본질적 차이를 느껴본 적이 없다. 하지만 미국 공화당 경선에서 느낀 점은 철저히 이념이 지배한다는 것이다. 당초 8명의 후보가 나선 치열한 경쟁구도에서 누가 미국 보수주의를 가장 잘 대변할 수 있느냐에 따라 인기 판도가 시시각각 달라졌다.

미국 전역 50개 주를 보더라도 보수와 진보의 구분이 확연히 나뉜다. SAIS의 한 대학원생과 대선을 주제로 이야기를 나누던 중 이 학생이 2008년 대선에서 공화당 맥케인 후보와 민주당 오바마 후보의 지지도를 나타내는 지도를 보여주었다. 공화당 상징인 붉은색은 중부와 남부 일대(플로리다 제외)에 몰려 있고, 서부와 동부는 온통 민주당 상징인 파란색이었다. 재밌는 점은 뉴욕과 워싱턴DC, 샌프란시스코 등 부자 도시의 경우 보수파인 공화당 지지도가 더 높을 것으로 생각되지만 사실은 반대다. 오히려 이들 지역이 전통적으로 민주당 텃밭으로 자리 잡아왔다. 이유는 여러 가지가 있겠으나 그 대학원생 분석으로는, 미국의 중소 자본가들이나 엘리트들은 현상유지보다는 변화를 선호하기 때문에 공화당보다는 민주당을 지지하는 속성이 강하다는 것이다. 반면 상대적으로 못사는 동네인 텍사스와 캔자스, 애리조나, 루이지애나 등 중부와 남부 지역이 전통적으로 고집스러운 공화당 보수파들의 근거지다.

미국 정치가 이념에 의해 이뤄지는 대표적 사례는 또 있다. 2012년 초, 천문학적 재정적자를 해결하기 위해 의회 내에 공화당과 민주당 공통으로 슈퍼커미티(Super Committee)가 구성돼 두 달여 동안 내부 논쟁을 벌였다. 이 과정을 유심히 지켜본 결과 공화당과 민주당의 노선 차이가 너무나도 뚜렷하다는 것을 다시 한번 발견했다. 재정적자 해결 방안에 대한 양당의 접근방식은 당연히 180도 달랐다. 공화당은 부자와 기업들에 대한 세금을 깎아주고 정부 지출을 줄이는 것이 일자리를 만들고 나아가 재정적자를 줄일 수 있다고 주장한 반면, 민주당은 세금을 늘려야 하고 경제가 침체된 마당에 정부 지출마저 줄이면 실업도 늘고 경제가 나빠져 장기적으로 재정에 마이너스 효과를 낳는다는 입장이었다.

슈퍼커미티는 결국 아무런 결론을 못 내고 실패로 돌아갔다. 슈퍼커미티가 해체를 선언하기 전날 대표적 케인지언으로 꼽히는 폴 크루그먼은 〈뉴욕타임스〉 칼럼에서 "공화당과 민주당은 세계관부터 근본적으로 다르기 때문에 애시당초부터 슈퍼커미티는 실패로 돌아갈 운명이었다"고 예견했다.

공화당 경선 과정을 보고 있으면 흥미로운 점이 또 있다. 선거자금에 관한 것이다. 한국과 다른 점은 누가(개인이든 기업이든) 얼마만큼의 선거자금을 어느 후보에게 냈는지가 공개된다는 점이다. 〈워싱턴포스트〉는 2012년 초 공화당 후보 1위를 달리던 미트 롬니(Mitt Romney)의 선거자금을 분석해 누가 얼마를 기부했는지를 도표로 실은 적이 있다.

SAIS 한미연구소장인 구재회 교수에 따르면 우리나라 정치도 비슷하겠지만 미국 정치야말로 철저히 '머니폴리틱'이다. 다시 말해 누가 선거자금을 더 많이 걷느냐에 따라 당락이 좌우된다. 그러기 때문에 선거기간 내내 후보자들의 최대 관심은 기부금을 많이 걷는 일이다. 기부금을 많이 낸 개인은 훗날 선거에 이기면 만찬에 별도로 초청받는 영광을 얻기도 한다.

한때 롬니와 1위를 다투었던 뉴트 깅그리치 전 하원의장도 선거자금 부족에 시달려 부채가 수백만 달러에 달한다는 이야기도 나왔다. 때문에 공개적인 선거 일정 외에 수시로 비공개 자금모금 행사를 열었다. 한번은 K스트리트에서 깅그리치를 지지하는 로비스트들끼리 유명한 고급식당에 모여 펀드레이징 행사를 열었다. 만찬 가격은 1인당 1000달러였다.

머니폴리틱의 우울한 그늘

정치는 돈이다. 2012년 치러진 미국 대선 경선을 지켜보며 내린 결론 중 하나다. 돈을 누가 얼마나 많이 퍼붓느냐에 따라 선거 결과가 좌지우지된다. 우리나라도 물론 예외는 아니지만 자본주의 종주국인 미국이야말로 머니폴리틱이 철저하게 지배하는 나라다.

한때 공화당 경선에서 미트 롬니를 제치고 기세등등하던 깅그리치는 내가 보기엔 가장 '공화당스러운' 후보였다. 그러나 2012년 1월 31일 진행된 플로리다 프라이머리에 이어 2월 4일 네바다 코커스(당원대회)에서 롬니에게 10퍼센트포인트 이상 차이로 졌다. 바로 직전 사우스캐롤라이나 프라이머리에서 롬니를 큰 표차로 눌렀던 분위기와는 완전 딴판이다.

박빙의 승부를 벌이던 게임에서 깅그리치가 뒤진 이유는 뭘까? TV의 정치분석가들은 다양한 이유를 갖다 댔다. 하원의장 시절 윤리규정을 위반한 것에서부터, 세 번의 결혼에서 드러난 부도덕성, 2008년 금융위기 당시 서브프라임모기지 대출회사인 프레디맥(Freddie mac)으로부터 돈을 받았다는 혐의 등등. 하지만 그가 패배한 진짜 이유는 따로 있었다. 정치분석가이기도 한 SAIS의 C 교수는 바로 '돈' 때문이라고 지적했다.

"미국인들은 TV에 나오는 후보자 토론과 정치광고에 아주 민감하게 반응합니다. 롬니가 플로리다 경선 전에 200번 이상의 광고를 내보낸 데 비해 깅그리치는 1/10에도 못 미쳤지요. 바로 돈이 없었기 때문입니다."

사실 미국 정치가 '돈의 정치'라는 것은 새삼스러운 게 아니다. 역사적으로도 그랬다. 2008년 대선에서도 대부분의 정치분석가들은 오바마 후보의 선거자금 규모를 보고 일찌감치 오바마가 이길 것으로 예상했다.

권력이 있으면 돈은 모이기 마련이다. 깅그리치가 공화당의 정통 보수를 상징하고 당선 가능성도 더 높은 만큼 재정 후원도 든든할 것으로 생각하지만 현실이 그렇지 않은 이유는 뭘까?

여기에는 오랜 정치 과정에서 공화당 내부에서 쌓여온 깅그리치의 '악명'이 상당한 원인으로 작용했다. 하원의장 시절, 지나치게 강경한 노선으로 공화당 내에 워낙 적을 많이 만든 것이 결정적인 약점이었다. 일부에선 그의 사람관리에도 상당한 문제가 있다고 지적한다. 대표적 사례가 선거운동 초반, 선거 참모진이 돌연 대거 그만둬 어려움을 겪은 일이다. 주변 사람들조차 그가 권력을 잡을 경우 지나친 독선에 빠질 것을 우려한 것이다.

돈에서도 오바마는 이번에도 자금모금에서 승기를 잡고 있다. 오바마 측의 공개 자료는 없지만 언론은 그가 2011년에만 모은 선거자금이 최소 7400만 달러에서 최대 1억 달러에 이를 것으로 추정한다. 그에게 선거자금을 갖다준 곳은 전미노조협회 등 진보단체도 있지만 월가 투자은행들뿐 아니라 대기업, 부동산회사, 할리우드 큰손들에 이르기까지 다양하다.

그런 연유로 제프리 삭스 같은 좌파 성향의 지식인들은 오바마도 공화당 보수파들과 다를 바 없다고 싸잡아 비판한다. 99퍼센트를 위한 정치를 하겠다고 말로는 하지만 결국 1퍼센트로부터 선거자금을 받아쓸 경우 그것이 족쇄가 돼 1퍼센트에 이용당하는 정치로 전락할 것이란 이유에서다. 이런 측면에서 권력을 향해 돈이 모인다기 보다는 돈이 있는 곳으로 권력이 향한다는 말이 옳다.

오바마의 하루 일과를 들춰보진 않았지만 거의 절반 이상은 대통령 임무를 수행하기보다는 선거자금 모으기에 쏟아붓고 있다. CNBC 뉴스를 보다가 문득 이런 생각이 들었는데, 보도를 요약하면, 오바마 부부가 대선 1년 전부터 워싱턴DC의 고급 호텔을 돌며 펀드레이징 행사를 열고 있다는 것이다. 하루 동안에만 많게는 530만 달러를 한자리에서 모은 적도 있었다. 예컨대 세인트레기스 호텔에서 열린 디너파티에는 50명의 부자 지지자들이 모였으며 1인당 입장 티켓 가격은 3만5800달러였다.

미국 주류 언론은 왜 민주당을 지지하는가

2012년 2월 초 공화당 대선후보 경선이 한창 진행되는 가운데 플로리다 코커스를 앞두고 CNN이 후보들을 불러 토론회를 열었다. CNN의 앵커 존 킹은 깅그리치를 향해 곤혹스런 질문을 던졌다. 다름 아닌 사생활에 얽힌 문제였는데, 그가 두 번째 부인과 이혼하면서 오픈매리지(Open Marrage)★를 요구했는지를 묻는 질문이었다. 깅그리치는 질문이 끝나자마자 얼굴이 빨개졌다. 그러면서 "엘리트 미디어들이 민주당 편에 서서 공화당을 흠집내려 하고 있다"며 언성을 높였다.

깅그리치 말대로 주류 언론은 공화당보다는 민주당 색채가 강하다. 대표적 신문인 〈뉴욕타임스〉는 물론 4대 방송 네트워크(ABC, NBC, CBS, CNN) 모두 민주당 성향이 강하다. 반면 공화당 색채의 언론을 꼽으라면 〈FOX뉴스〉 정도다.

미국 언론은 특히 사설을 통해 정치성을 강하게 드러낸다. 반대하는 당의 특정 정치인을 향해 매서운 칼을 들이대는 사설도 종종 등장한다. 지식인층을 대표하는 학계도 전반적으로 민주당 색채가 더 강하다. 지식인 사회에 영향력이 큰 교수들도 대

★ 자유결혼, 개방결혼을 의미하며 부부가 상대의 혼외관계를 인정하는 결혼 형태다.

부분 민주당 성향이다. 공화당을 원색적으로 비난하는 칼럼을 자주 쓰는 폴 크루그먼에서부터 제프리 삭스, 로버트 라이시(전 노동부 장관) 등은 대놓고 공화당이 나라를 망치고 있다고 욕한다.

학계는 미 헌법에도 명문화된 표현의 자유에 대해 역사적으로 강한 신념을 가져왔기 때문에 어느 정권이 들어서든 반대 입장에서 비판하는 것이 자연스런 현상이다. 하지만 오바마 정부에서는 적어도 미국 학계와 정부는 한통속이다. 특히 경제학자들은 더더욱 그렇다. 감세뿐 아니라 재정적자, 일자리 등 모든 이슈에서 철저히 오바마 편에 서서 공화당을 비판한다. 하기야 2008년 금융위기를 계기로 지난 30년 가까이 미국 경제의 근간을 지배해온 레이거노믹스가 종언을 고하고, 민주당 성향의 전통 케인지언 후예들이 부활해 득세하는 분위기이니 충분히 납득할 만하다.

일각에선 과거 수십 년 동안 정부의 감세정책과 재정지원 과정에서 언론과 학계가 주로 포진된 중간층이 제외된 것이 뿌리 깊은 불만의 원인이라고 분석한다. 감세정책은 대부분 공화당 정부 때 실행됐는데, 그 감세의 역사를 보면 부자들에게 유리한 방향으로 진행돼왔다. 감세는 주로 최고소득층을 상대로 시행됐는데 1940년대 중반까지만 해도 최고소득층의 연방 소득세율은 93퍼센트에 달했고 1950년대까지도 91~92퍼센트 수준을 유지했다. 그러던 것이 1964년 77퍼센트로 낮아졌고, 1970년대 들어서는 70퍼센트로 떨어진 데 이어 1986년에는 50퍼센트까지 낮아졌다. 지금은 최고소득층(연 38만 달러 이상) 세율이 35퍼센트다. 결국 감세 혜택은 부자들에게 돌아간 셈이다.

이처럼 감세 혜택이 부자들에게 집중된 반면 가난한 사람들에겐 정부의 재정보조가 대대적으로 이뤄졌다. 메디케어(Medicare)*와 메디케이드(Medicade)**가 대표적 사례다. 결국 애매한 중간층만이 정부의 감세 혜택도 못 받고, 재정지원 혜택에서도 제외되는 사각지대에 놓인 셈이다. 때문에 미국에서 세금을 가장 정직하게 내는 사람은 바로 평균적인 샐러리맨들이다. 이 점에서만큼은 한국도 다를 바 없다.

미국에서도 회전문 인사는 통한다

회전문 인사. 한번 발탁한 사람을 회전문이 돌고 돌듯, 또 쓰고 또 쓰는 현상을 말한다. 공직에서 은퇴한 후 로펌이나 금융기

★ 65세 이상 고령자 대상 의료보조제도.
★★ 65세 미만 저소득층과 장애인 대상 의료보조제도.

관 등 민간으로 나가 있다가 다음 인사 때 다시 정부에 들어가 한자리를 차지하는 행태다. 언론에서는 자리 나눠먹기라며 꼬집는 단골 메뉴다. 한국에서 고위관료 인사 때마다 등장하는 이 단어는 미국에도 존재한다. 이른바 회전문(Revolving Door)이다. 어찌 보면 한국보다 회전문 인사 관행이 더 뿌리 깊은 곳이 미국이다.

한국에서 회전문 인사라 하면, 공직을 떠난 고위관료가 잠시 민간에서 휴지기간을 가진 후 다시 공직으로 복귀하는 경우다. 미국에선 민간과 공직 간의 이동이 훨씬 잦다. 민간기업 최고 경영자가 장관으로 발탁돼 일하다가 다시 민간으로 돌아가는 사례도 흔하다. 가장 극명한 곳이 재무부다. 1980년대 이후 역대 재무장관을 지낸 10명 중 4명이 민간 출신이다. 클린턴 정부 때 금융규제 완화에 앞장선 로버트 루빈 재무장관은 골드만삭스 출신이고, 부시 정부 시절 재무장관을 지낸 폴 오닐과 헨리 폴슨은 알코아(Alcoa)와 골드만삭스에서 CEO를 맡다가 재무부 수장으로 임명됐다.

금융 엘리트가 지배하는 사회답게 월가 출신이 관가에도 두루 포진하고 있다. 때문에 미 재무부는 '월가의 앞잡이'라는 공공연한 비난도 나온다. 실제로 위기가 터질 때마다 재무부는 월가의 이익을 충실히 대변해왔다는 게 미국 지식인들의 대체적인 시각이다. 클린턴 정부 시절, 경제자문위원장을 맡아 공직 경험을 쌓은 조지프 스티글리츠는 2008년 금융위기를 다룬 《끝나지 않는 추락Freefall》에서 이렇게 지적했다.

"워싱턴과 뉴욕 (월가)의 회전문 인사가 새로운 금융규제법안에 반대하는 움직임을 부추겼다. 그 결과 금융산업과 직간접적으로 연관된 상당수 관료들이 과거 자신이 몸담았던 산업의 규제를 담당하는 아이러니한 일이 벌어졌다."

그는 그러면서 금융개혁의 임무를 맡은 공직자가 금융인 출신이라면 과연 금융 분야가 원하는 것과 반대 방향으로 나갈 수 있을까? 라고 심각히 묻는다. 일각에선 2008년 금융위기의 원인을 루빈과 폴슨 전 재무장관에게 돌린다. 두 사람 모두 골드만삭스 출신으로, 금융규제 완화에 가장 앞장섰던 인물이다. 팔은 안으로 굽는다고, 금융인 출신인 그들이 금융규제 완화에 적극 나선 결과 월가의 대형 투자은행들이 무리하게 투자 영역을 확장했고, 이런 무분별한 탐욕이 결국 초대형 금융위기를 불러왔다는 것이다.

오늘날 미국 자본주의의 심장부인 뉴욕 월가가 공화당 못지않게 민주당 선호도가 높은 이유도 클린턴 민주당 정부 시절의 금융규제 완화에 대한 추억 때문이다. 클린턴 정부 시절, 금융 규제 완화를 상징하는 대표적인 것은 글래스-스티걸법(Glass-Steagall Act) 폐지다. 이 법은 1933년 대공황 시기에 상업은행과 투자은행의 영역을 엄격히 분리해 상업은행은 여·수신 업무만 하고 고객예금으로 무분별한 투자를 못하도록 막은 법이다. 클린턴 시절인 1999년 11월 금융산업 경쟁력을 명분으로 내세운 행정부 정책과 월가 상업은행들의 로비력이 맞물리면서 상업은행의 주식투자를 허용했다. 이로써 60여 년 동안 유지해온 글래스-스티걸법은 폐지됐다. 2008년 금융위기 원인의 단초 중 하나도 글래스-스티걸법 폐지로 월가 은행들이 무분별한 투자에 나선 데서 시작되었다는 분석도 있다.

보이지 않는 손

1980년 6월 어느 날, 뉴욕의 월도프아스토리아호텔에서 미국 기업을 대표하는 CEO들과 공화당 대통령 후보 레이건의 비공개 회합이 열렸다. CEO들이 요청해서 만든 자리였다. 8월 공화당 전당대회 후보 지명전을 앞두고 일종의 검증을 위한 자리였다. 이 모임에는 P&G, 모건스탠리, 화이자, 메릴린치, 뉴욕

증권거래소 등 유수의 기업 CEO들이 참석했다. 그들은 레이건에게 질문을 던졌다.

"당신은 자유 시장경제의 열렬한 지지자로서 선거에 이길 자신이 있습니까?"

레이건은 자신의 자유시장 원칙과 보수주의 철학에 대해 열변을 토했다. 훗날 레이거노믹스로 명명되는 핵심 공약인 '작은 정부-큰 시장'을 비롯해 기업의 세금부담 완화 등의 경제정책을 하나하나 설명해나갔다. 레이건이 먼저 퇴장한 후 참석 기업인들은 즉석에서 레이건 당선을 지원하기 위한 기업인자문위원회(Executive Advisory Council)를 만들었다. 이들은 선거 캠페인 전략에 깊숙이 관여했고, 선거자금 모금에도 열성적으로 참여했다. 심지어 기업의 홍보 전문가들이 모여 레이건 선거캠프의 PR 전략도 컨설팅했다.

선거운동이 진행되면서 기업인들의 레이건 지지는 미 전역에 걸쳐 네트워크를 형성했다. 〈포춘〉 500대기업 CEO는 물론 젊은기업가단체, 여성기업인모임, 중소기업협회(Small Business Association: SBA) 등을 총망라했다. 참여 기업인들은 다른 기업인들에게 연쇄 편지를 보내 동참을 호소했다. 가장 열성적인 CEO는 GE의 리무엘 보울웨어(Lemuel Boulware)였다. 그는 전국적인 풀뿌리 캠페인을 위해 뜻을 같이 할 기업인들을 모집했다. 또 GE 근로자뿐 아니라 일반인들이 레이건의 이념을 공유할 수 있도록 스쿨을 만들었다. GE 근로자들은 자유시장 이념을 전파하는 일종의 소통자 역할에 자발적으로 나섰다. 또 GE의 주요 주주들을 상대로 자유시장 이념을 확산시키기 위한 편지보내기 운동도 전개했다.

CEO들의 열성적인 지지는 결국 레이건의 승리로 열매를 맺었다. 1980년 대선에서 지미 카터를 물리치고 40대 대통령으로 당선될 수 있었던 데는 바로 이 같은 기업인들의 절대적인 지지가 있었기 때문이다. 레이건은 당선되자마자 기업의 이익을 대변하는 보수파 싱크탱크인 미국기업연구소(American Enterprise Institute: AEI)로 달려가 당선 연설을 했다.

"앞으로도 기업들과 밀접하고 실질적인 협력관계를 유지하겠습니다."

미국 기업인들만큼 정치 · 경제 · 사회 등 모든 분야에 막강한 영향력을 행사하는 나라는 없다. 그래서 역사학자 킴벌리 필립 페인(Kimberly Phillips-Fein) 뉴욕대 교수는 그의 책 제목처럼 미국을 움직이는 기업인들을 'Invisible Hands(보이지 않는 손)'라 불렀다. 그의 책 《보이지 않는 손》에는 미국 기업인들이 자유시장 이념을 지키기 위해 어떻게 정치에 개입하고, 자신의 이해를 대변하는 정치를 만들기 위해 노력해왔는지가 생생히 담겨 있다.

미국 기업인들은 막강한 자금력을 동원해 대통령 선거에 깊숙이 개입하는 것은 물론 당선 후 정부 정책에도 입김을 행사하면서 밀접히 관여한다. 그 중심에 비즈니스라운드테이블(Business Round Table: BRT)이 있다. 이 단체는 200대 대기업 CEO로 구성된 협의체이며 이익단체로 우리나라의 전경련과 비슷하다. 전미제조업협회(NAM), 미국 상공회의소와 함께 미국 산업계에서 가장 영향력이 큰 로비단체이기도 하다.

BRT가 창설된 것은 1972년이다. 대표적 알루미늄 기업인 알코아의 CEO 존 하퍼(John Harper)와 GE의 CEO 프레드 보쉬(Fred Borch)가 설립을 주도했다. 초기에는 대기업에 대한 시민들의 적대감을 낮추고 정부와의 대화를 통해 기업 이익을 대변하는 역할을 했다. 1980년대 이후에는 정부는 물론 WTO 등 국제기구에도 활발히 로비를 벌이며 미국을 대표하는 이익단체로 성장했다. 기본적으로 시장경제 친화적인 공화당 성향을 띠기는 하지만 적절한 로비활동으로 민주당과도 우호적 관계를 유지한다.

2010년 오바마 정부가 건강보험개혁과 금융개혁 등을 추진하는 정책에 반대의 날을 세우면서 정부와의 관계가 크게 악화된 적도 있었다. BRT는 자유무역을 옹호하면서 과거 북미자유무역기구(NAFTA)를 비롯해 미국이 중국과 자유무역 관계를 체결할 때도 의회 반대에 맞서 체결을 성사시키는 데 엄청난 로비를 동원했다. 한미 FTA 협정문이 미 의회에서 통과될 때도 이 단체가 커다란 역할을 한 것으로 전해진다. BRT가 기업인들의 행동단체라 한다면 그 배후에는 이념을 제공하고 정치권을 상대로 설득에 나서는 미국기업연구소(AEI)가 있다. AEI는 자유시장 이념을 바탕으로 주요 이슈가 터질 때마다 세미나를 열고 보고서를 만들어 워싱턴 정가를 원하는 방향으로 이끈다. 대표적인 보수 싱크탱크 중 하나로 꼽힌다.

이처럼 워낙 정치 영향력이 큰 까닭에 BRT로 대표되는 기업인들을 비판하는 시각도 만만치 않다. 제프리 삭스는 기업이 막강한 로비를 동원해 미국 정치를 배후 조종하는 실태를 두고 '기업지배'라 비꼬았다. 하지만 정치학자 데이비드 이스턴이 규정했듯이, 어차피 정치란 한정된 자원을 힘의 논리에 따라 권위적으로 배분하기 위한 것이고, 그 자원을 배분받기 위한 만인의 투쟁이 불가피한 만큼 기업인이 자신의 이해를 관철시키기 위해 적극적인 로비에 나서는 것은 어쩔 수 없는 일이다.

위기에 빠진 보수주의

공화당 대선 경선이 한창인 2012년 2월, 보수주의정치행동위원회(Conservative Political Action Committee: CPAC) 2012년 행사가 열린 워싱턴DC 메리어트호텔을 찾았다. CPAC는 공화당을 지지하는 보수주의자들의 총회로, 미국보수연합과 강경 보수단체인 티파티 공동 주최로 매년 열린다. 2012년에 39회를 맞았다.

행사장에 도착하고 나서 눈을 의심하지 않을 수 없었다. 호텔 1~2층 전체가 축제처럼 시끌벅적했으며 정치행사처럼 보이지 않았다. 수백 명이 운집한 대강당에서 패널 토론이 벌어지는 한편, 곳곳에선 참여자들이 소규모 부스를 차려놓고 슬로건이 적힌 티셔츠나 캔디 상자 등을 나눠주었다. 한켠에선 오바마를 풍자하는 즉석 공연도 벌어졌고, '보수의 가치'를 주제로 한 자유토론도 눈에 띄었다.

이색적인 것은 참여자들 중 젊은이들이 상당수였다는 점이다. 주최측에 물으니 전체 참석자 2만5000여 명 중에서 30~40퍼센트가 학생이라 한다. 워싱턴DC나 뉴욕 등에서 온 대학생뿐 아니라 고등학생도 제법 많았다. 청년미국재단(Young America Foundation)이라는 청년 보수단체 회원들이 대부분이고, 개인적으로 보수주의에 관심이 많아 참석했다는 학생도 더러 있었다. 행사장 2층에서는 리더십인스티튜트(Leadership Institute) 주최로 '보수주의 지도자가 되려면' 이라는 주제의 세미나가 열렸으며 자리를 잡기 힘들 정도로 학생들의 관심이 컸다.

이 행사장을 찾은 이유는 미국 보수주의 실체를 엿볼 수 있을 것이란 기대감에서였다. 공화당 대선 경선을 지켜보면서 보수주의의 중심이 뭔지 궁금했기 때문이다. 이곳저곳 돌아보며 몇몇 사람들의 이야기를 듣고 나름대로 내린 결론은 확실히 '미국 보수주의는 위기에 처해 있다' 는 것이었다. 그 다음날 경선 후보들이 일제히 행사장을 찾아 분위기가 한껏 고조됐다고 하지만 위기는 곳곳에서 감지됐다.

자신을 티파티 회원이라 소개한 한 남자는 "이번 대선에서 공화당이 이길 것으로 보느냐?"는 질문에 뜻밖에도 "가능성이 높지 않다"고 대답했다. "왜냐?"고 되물었더니, 세 가지 이유를 댔다. 첫째, 몇 번의 선거를 경험했지만 이번처럼 공화당이 여러 갈래로 나눠 서로 싸운 적은 없었다. 둘째, 오바마를 물리칠 뛰어난 후보가 없다, 셋째, 지금 시점이 보수주의가 자리 잡기 가장 어려운 시기다. 세 번째 의미가 뭔지 궁금하다고 했더니, 보수주의 가치인 정부로부터의 자유가 이번 경제위기로 설 땅이 없어지고 있다고 설명했다. 아마도 금융위기 이후 정부가 시장에 깊숙이 개입해 유럽식 사회 민주주의를 닮아가는 것을 걱정하는 듯했다.

'보수의 부흥'을 주제로 열린 토론회에서 한 참석자는 "지금 우리에겐 베리 골드워터(Barry Goldwater) 같은 선지자가 필요하다"고 말했다. 골드워터가 누군지 궁금해 아이폰으로 검색해보니, 미국 보수주의의 선구자격 인물이었다. 그러고 보니 행사장에 보수주의를 상징하는 3명의 얼굴이 그려진 대형 현수막이 걸렸는데, 그중 한 명이 골드워터였다. 나머지 두 명은 레이건과 마가렛 대처였다.

클린턴 정부 시기에 노동부장관을 지낸 로버트 라이시 교수는 《왜 위기는 반복되는가Aftershock》에서 미국 역사를 시계추에 비교했다. 예컨대 1929년 대공황 이전에는 빈부격차가 심화되며 사회적 모순이 극으로 치닫다가, 루스벨트의 뉴딜정책 이후 1970년대 초반까지 모순을 해결해가는 과정(이른바 '위대한 번영')을 거쳐, 1980년대 레이건 정부가 들어선 이후 2008년 금융위기 전까지 다시 모순이 심화되는 것처럼 역사는 시계추처럼 왔다갔다 반복한다는 것이다.

제프리 삭스 역시 《문명의 대가The Price of Civilization》에서 중산층과 저소득층의 임금 수준(실질임금 기준)은 1973년에 피크를 치고 이후 줄곧 하락한 반면 상위 1퍼센트로 부의 집중이 심화돼 소득불평등 지수가 역사상 최고 수준에 달하고 있다고 분석했다. 이렇게 본다면 금융위기 이후 지금은 모순이 극한까지 달해 그 모순을 해결하는 과정으로 진입해야 한다. 이런 분석이 맞다면 확실히 지금은 보수주의가 설 땅이 갈수록 좁아질 수밖에 없다. 1퍼센트의 소수를 타깃으로 한 월가점령이 괜히 등장한 게 아니다.

레이건의 재발견

"미국 역사상 가장 위대한 대통령은 누구입니까?"

워싱턴DC 내셔널몰에 있는 미국역사박물관 2층에는 즉석 투표함이 있다. 가장 위대한 대통령을 꼽으라는 스크린터치 방식의 투표다. 투표를 하고 나면 그동안의 누적 결과를 보여준다. 1위는 조지 워싱턴 초대 대통령, 2위는 에이브러햄 링컨, 3위는 버락 오바마, 4위는 로날드 레이건, 5위는 프랭클린 루스벨트다.

오바마는 현직 대통령으로서의 프리미엄을 감안하면 순위에 의미가 없으므로 사실상 레이건이 워싱턴과 링컨 다음으로 미국인들이 가장 좋아하고 많이 기억하는 인물이라 할 수 있다.

처음 정치무대에 등장할 때만 해도 미디어 엘리트들로부터 'B급 영화배우', '아마추어 카우보이', '단순무식한 바보' 등으로 비꼬임을 받았던 그가 지금은 미국인들에게 가장 존경받고 오래 기억에 남는 대통령이 된 이유는 무엇일까?

아마도 1970년대 1,2차 오일쇼크와 베트남전쟁을 겪으면서 피폐해진 미국인들에게 꿈을 다시 심어주고 실물경제를 재건하는 데도 탁월한 능력을 보여준 성과가 보수와 진보를 떠나 모든 미국인들에게 사랑받는 비결이 아닐까 짐작된다. 미국 보수주의 역사를 다룬 책을 읽어보면 확실히 그 정점에는 레이건이 있다. 보수주의의 대부 격인 베리 골드워터가 보수주의 이론을 집대성한 인물이라면 레이건은 이론에 머물던 보수주의가 현실 정치는 물론 미국인들의 머릿속에 뿌리내려 화려하게 꽃피울 수 있도록 다리 역할을 한 인물로 평가된다.

사실 미국 보수주의는 뿌리는 깊지만 종교·정치·사회 이념 등에 따라 여러 갈래로 나뉘어 수십 년 동안 힘이 분산돼 있었다. 이를 반영하듯 의회 역사를 봐도 1930년 대공황 이후 60년 동안 중간선거에서 공화당이 다수당을 차지한 것은 딱 두 번(1946년과 1958년)에 불과했다. 1994년 부시 정부 시절, 공화당이 40년 만에 처음 다수당을 차지하며 6년간 장기집권한 것은 아주 이례적인 일이었다.

미국 보수주의는 계파가 복잡하다. 정치적 이념에 따른 보수주의(anti Communism)도 있지만, 사회적 보수주의(social conservatives)★, 종교적 보수주의(religious conservatives)★★도 있다. 또 시대가 흐르면서 이른바 네오콘과 뉴라이트 등으로 분파를 형성했다.

이렇게 갈래갈래 나뉘어온 보수주의를 대통합시킨 주인공이 바로 레이건이었다. 그는 보수주의 이념들을 미국인들에게 이해하기 쉬운 언어로 소통하면서 현실정치에 적용했다. 그 결과 워싱턴 정치의 외곽에서 머물던 보수주의를 중심부로 이동시켰고, 흩어져 있던 보수주의도 하나로 결집시켰다. 대표적 보수주의자인 알프레드 레그너리(Alfred Regnary)는 보수주의 역사를 다룬 《업스트림Upstream》에서 "이것은 마치 대공황 이후 좌파들 사이에 형성된 뉴딜연합과도 같은 것이었다"며 "이것이 바로 레이건 혁명이었다"고 기록했다.

레이건은 경제 재건에도 탁월한 성과를 냈다. 그가 취임한 1981년은 1930년대 이래 최악의 경제 침체기였다. 그해 1월 〈뉴스위크〉는 이렇게 전했다. "레이건이 다음 주 백악관에 들

★   예컨대 낙태와 게이, 포르노그래피에 반대하는 보수주의.
★★ 프로테스탄트에서 분파된 복음주의가 있으며 종교적 원칙에 따라 낙태, 게이, 포르노 등을 반대한다는 측면에서 다른 보수주의자들과 공동 전선을 형성한다.

어가면 48년 전 루스벨트가 취임한 이래 최악의 경제위기를 물려받게 될 것이다." 그의 경제정책의 근간은 이른바 공급 사이드 경제학자들(고전파 경제학자로 분류되는 밀턴 프리드먼, 아서 래퍼, 마틴 앤더슨 등)에 의해 뒷받침되었다. 그는 대선에 출마할 때부터 소위 시카고학파★★★를 중심으로 경제자문위원단을 구성해 탄탄한 과외를 받았다.

훗날 '레이거노믹스'로 명명된 그의 경제철학의 핵심은 두 가지다. 하나는 작은 정부였고, 다른 하나는 감세였다. 작은 정부는 시장에 대한 간섭을 최소화하고, 정부 지출을 줄이는 대신 기능을 최대한 민간에 이양해 시장 자율성을 키우자는 것이고, 감세는 세율을 낮춰 개인에게는 근로의욕을, 기업들에게는 투자의욕을 북돋우자는 정책이었다. 경제침체는 총수요 부족에서 오기 때문에 총수요 진작을 위해 정부가 과감히 재정을 풀고, 금리를 낮춰 통화를 팽창시켜야 한다는, 1930년대 대공황 이후 60년간 경제학계를 지배해온 이른바 케인지언 방식과 다른 것이었다.

레이건의 감세 철학은 1980년대 말부터 90년대까지 장기간

★★★ 시카고대학 출신의 경제학자를 일컫는 말로 신자유주의 학파라고도 한다. 케인즈경제학에 맞서 생산·고용·가격 등의 수준을 결정하는 요인으로서 재정팽창보다는 통화공급량을 중시하며, 정부 개입보다는 시장자유를 중시한다.

호황으로 이어졌고 정부 세수도 1980년 5천억 달러에서 1990년에 1조 달러로 배로 증가했다.

대통령으로 먹고사는 마을

캔자스 주와 미주리 주가 맞닿는 곳에 있는 조그만 도시 인디펜던스(Independence). 차를 몰고 이곳에 들어서자마자 가장 먼저 눈에 띄는 게 도로가에 세워진 이상한 표지판이다. 노(老) 신사가 걷는 모습을 그린 표지판인데, 길가 곳곳에 세워져 있어 "왜 이런 표지판이 있지?"라는 궁금증을 자아낸다.

알고 보니, 신사는 다름 아닌, 이곳에서 자라 미국 33대 대통령에 오른 트루먼(Harry S. Truman)이다. 트루먼 전 대통령이 임기를 마친 후 고향으로 돌아와 매일 산책하며 길을 걷던 모습을 그린 표지판이라 한다.

인구 10만이 채 안 되는 이 조그만 도시 곳곳에는 트루먼의 숨결이 그대로 살아있다. 그리 부유하지 못한 집안에서 농사꾼의 장남으로 태어나 대학도 못 갔던 트루먼이 고등학교 졸업 후 점원으로 일했던 약국은 지금은 아이스크림 가게로 바뀌었지만 당시 트루먼의 기록이 가게 곳곳에 남아 있어 관광객들의

도로마다 세워져 있는 트루먼 전 대통령의 표지판.

발길이 끊이지 않고 있다.

　이 조그만 시골동네를 걷다보니, 길거리 상점 간판에는 대부분 트루먼이란 이름이 붙어 있다. 중심을 가로지르는 도로 이름도 트루먼 애비뉴, 식당도 트루먼 레스토랑, 극장 이름도 트루먼 극장… 한마디로 트루먼을 빼면 존재가 불가능한 동네처럼 보였다.

　차를 몰고 5분정도 외곽으로 나가니 근사하게 지어진 건물이 나타났다. 바로 트루먼 기념관이다. 기념관에는 트루먼의 개인 및 가족사에서부터 대통령 재임 당시 벌어진 각종 사건들, 어록, 관련 도서들이 모두 전시돼 있다. 특히 그의 일대기를

트루먼 전 대통령 기념관.

담은 다큐멘터리 영화는 1940~1950년대의 2차대전과 냉전의 시작, 마셜플랜, 히로시마 원폭 투하, 한국전쟁 등 대통령 재임 당시 벌어졌던 세계사의 한 획을 그은 대사건들의 진귀한 영상을 담고 있어 자료 가치만으로도 대단했다.

특히 흥미로운 것은, 보통 기념관들이 찬양 일색인 것과 달리 이곳 트루먼 기념관은 대통령 당시 업적을 객관적인 입장에서 기술하면서 논란이 되는 문제들은 오히려 관람객에게 의견을 묻는 형식으로 꾸며져 있다는 점이다. 예컨대, 2차 대전의 종전을 가져온 히로시마 원자폭탄 투하에 대해 관람객들은 어떻게 생각하는지를 직접 쓰는 노트가 마련돼 있는데, 찬반양론으로 나뉘어 꼬리를 무는 지상논쟁이 벌어지고 있었다.

조그만 시골마을에 이런 훌륭한 기념관이 지어진 게 신기해 안내자에게 물었더니, 수많은 개인들과 기업들의 자발적인 기부로 기념관이 지어졌다고 했다. 트루먼이 임기를 끝내고 낙향한 4년 후인 1957년에 지어졌으니 벌써 50년이 넘는 동안 수백만 명의 관람객이 이곳을 다녀갔다는 것이다.

이곳에서 두 시간을 더 운전해 도착한 캔자스 주의 애벌린 (Abilene)이라는 작은 도시 역시 아이젠하워 전 대통령의 마을이다. 공교롭게도 트루먼과 그의 바통을 이어받아 백악관에 들어간 34대 대통령 아이젠하워는 모두 캔자스 출신이다. 캔자스는 미국 지도를 펼쳐놓고 보면 딱 중간에 위치한 곳으로 전형적인 농촌 지역이다. 이런 촌 동네에서 대통령을 두 명이나 배출했다는 것은 캔자스 주로선 대단한 자랑거리가 아닐 수 없다.

아이젠하워가 자란 애벌린 역시 동네 곳곳이 온통 아이젠하워 간판들로 가득 차 있다. 식당이며, 상점이며 할 것 없이, 심지어 약국까지도 아이젠하워 간판을 달고 그 덕에 먹고사는 마을 같다. 점심 때 들른 한 식당은 아이젠하워 이름이 붙여진 룸으로 우리를 안내했는데, 아이젠하워 생존 당시 모습을 담은 사진들로 사방 벽을 도배하다시피 했다.

이 동네에도 아이젠하워 박물관 겸 도서관이 꽤 웅장하게 들어서 있는데, 특히 도서관은 왠만한 대학 도서관 만큼 컸다. 대부분이 아이젠하워 관련 기록들인데, 이곳에 보관된 역사적 가치가 있는 사진들만 해도 무려 50만 장이 넘는다고 했다.

안내자를 따라 도서관을 둘러보다가 흥미로운 자료를 발견했는데, 아이젠하워가 대통령으로 재임 당시 매일매일의 스케줄을 시간 단위로 기록한 책이었다. 한 장 한 장 펼쳐보니, 당시 아이젠하워의 행적이 적나라하게 드러났다. 잘 알려진 사실인지 모르겠지만 아이젠하워는 골프광이었다고 한다. 아니나 다를까 그의 스케줄을 보니 거의 매일 골프 약속이 빠지지 않고 잡혀 있었다. 도서관을 나와 아이젠하워 박물관에 들렀을 때도

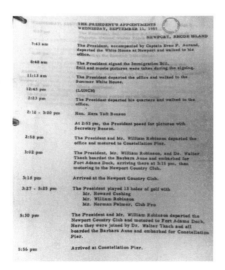

1957년 9월 11일 아이젠하워 전 대통령의 일정을 기록한 페이지. 오후 3시 2분에 골프 라운딩 약속이 잡혀 있는 게 눈에 띈다.

골프에 대한 그의 애정은 그대로 묻어났다. 얼마나 골프에 빠졌는지, 당시 한 신문에서는 "국가의 중대사를 제쳐둔 채 골프에 빠져 있다"는 비판 기사까지 썼다는 기록도 보관돼 있다.

아이젠하워 기념관은 관광객들이 구경만 하고 지나치는 그저 그런 기념관은 아니었다. 그에 관한 자료가 보관된 도서관은 해마다 역사학자와 정치 사회학자들이 찾아와 역사적 기록을 연구한다. 매년 방문하는 학자나 연구원들이 800명에 이른다. 한마디로 살아있는 역사 보관소나 다름없어 보였다.

아이젠하워 기념관 역시 그가 재임을 끝낸 1960년에 지어졌는데, 당시 캔자스 주민들이 중심이 돼 300만 달러(지금 가치로는

아이젠하워 기념관에 보관된 골프 라운딩 스코어. 동반자 중에 유명한 PGA 골퍼 벤 호건 이름도 눈에 띈다.

2400만 달러)를 모금해 지었다고 한다.

미국 전역에는 이런 식으로 전직 대통령을 기념하는 박물관이나 도서관이 모두 13곳에 달한다. 빌 클린턴과 조지 부시 전 대통령 기념관도 고향인 아칸소와 텍사스에 세워져 있다. 연방정부나 주정부가 세운 것이 아니라 모두 개인들과 기업, 후원단체들의 자발적 기부금에 의해 지어졌다고 한다. 이런 전직 대통령 기념관은 미국 전역 초중고생들한테도 훌륭한 역사 현장 교육장으로서의 역할을 하고 있다.

변변한 대통령 기념관 하나 없는 우리나라를 생각하면 한없이 부러울 따름이다. 만약 우리나라에서 특정 대통령 기념관을 짓는다고 하면 어떤 일이 벌어질까? 기부금을 내기는커녕 아마도 반대하는 단체들이 들고 나서 무산시킬 것이 뻔하지 싶다.

모든 책임은 내가 진다

행정구역상 미주리 주에 속해 있는 작은 도시 인디펜던스에 있는 트루먼 기념관에는 트루먼이 재임 당시 주로 지냈던 백악관 집무실 모습이 그대로 재현돼 있다. 트루먼이 앉아 있는 책상 위에는 사람들의 눈길을 끄는 명패가 있는데, 다름 아닌 'The

대통령 당시 집무실에 앉아 있는 모습. 책상 위에 The Buck Stops Here가 써진 명패가 보인다.

Buck Stops Here' 라고 써진 명패다.

　포커 게임에서 유래된 이 말은, 그대로 번역하면 "buck(포커에서 카드를 돌릴 사람 앞에 놓는 패)은 여기서 멈춘다"는 것으로 "모든 책임은 내가 진다", "책임은 더 이상 남에게 전가하지 않는다"는 뜻이다.

　트루먼은 재임 당시 이 말을 좌우명처럼 여기며 중요한 결정을 내릴 때마다 이 명패를 한없이 응시했다고 하는데, 이 말의 의미를 알려면 부연 설명이 필요하다.

　트루먼 재임 당시인 1945년부터 1953년 사이에는 세계 역사의 한 페이지를 기록할 많은 사건들이 터졌다. 2차 대전을 비롯해, 냉전의 시작을 알리는 트루먼 독트린, 북대서양조약기구(NATO) 창설, 유럽 재건을 위한 마셜플랜, 히로시마 원폭 투하, 한국전쟁 참전 등 하나같이 세계사의 운명을 좌우하는 사건들이었다.

그야말로 난세(亂世)에 대통령을 맡은 트루먼은 매 순간 세계 역사의 줄기를 뒤바꿀 어려운 의사결정과 맞부딪쳤다. 이런 의사결정 순간마다 그는 'The Buck Stops Here' 문구를 떠올렸다고 한다. 진정한 리더다운 모습이 아닐 수 없다.

트루먼이 1953년 1월, 8년의 임기를 끝내고 귀향길에 오른 날, 워싱턴DC 중앙역 앞 광장에 모인 수만 명의 시민들에게 던진 마지막 메시지도 비슷한 것이었다.

"대통령이란 자리는 누가 되든 결정을 내리는 자리다. 책임을 누구한테도 떠넘겨선 안 된다. 그 누구도 대통령의 결정을 대신할 수는 없다. 그것이 바로 대통령의 역할이다."

오늘날, 자신이 한 일에 책임지기는커녕 말 바꾸기에 열심인 우리 정치가들이 반드시 새겨야 할 문구가 아닐까 싶다.

트루먼은 재임 기간 수많은 어록을 남겼다. "If you can't stand the heat, you better get out of the kitchen"도 그중 하나다. "책임지기 싫다면, 아예 맡지 말라"는 뜻으로, 우리 속담에 있는 "절이 싫으면 중이 떠나라"와 비슷한 의미다.

트루먼 기념관에는 그가 한국전 참전 결정을 내렸던 당시 기록도 자세하게 보관돼 있다. 그중 눈길을 끄는 부분은 유엔 연합군 사령관으로 인천상륙작전을 진두지휘한 맥아더 장군과 트루먼 사이의 갈등을 서술한 기록인데, 새롭게 알게 된 흥미로운 사실이 많았다.

예컨대, 두 사람 간 갈등은 한국전 참전이 중공과 소련의 개입을 촉발해 또 다른 세계대전으로 확전될지 여부에서 시작됐다. 확전 우려가 컸던 트루먼과 달리 맥아더는 그럴 가능성이 낮다며, 당시 북한을 지원했던 중공군의 공급 기지를 공격해야 한다는 주장을 강하게 폈다. 트루먼이 제안을 거절하자 맥아더는 자신의 계획을 성사시키기 위해 의회를 상대로 우회전술을 폈고, 언론에까지 흘려 공개했다.

결국 참다못한 트루먼은 한국전 와중인 1951년 맥아더를 경질시키고, 소환 명령을 내렸다. 당시 〈타임〉은 화가 잔뜩 나 육두문자까지 쓰며 맥아더를 욕했던 트루먼의 말을 이렇게 인용했다.

"I fired him [MacArthur] because he wouldn't respect the authority of the President. I didn' t fire him because he was a dumb son of a bitch, although he was,..." (내가 맥아더를 해임한 것은 그가 대통령의 권위를 존중하지 않았기 때문이지, 그가 멍청한 자식이어서 그런 것은 아니다. 비록 멍청하긴 했지만…)

읽다보면 웃음까지 나올 정도다.

하지만 소환당한 맥아더 역시 가만있지 않았다. 당시 대중들에게 '영웅'으로 인기가 높았던 맥아더는 수많은 군중의 환영을 받으며 의사당으로 걸어가 상하원 앞에서 연설을 했다. 그러면서 트루먼을 향해 'a bunch of damn bullshit'이라는 입에 담기 힘든 욕설을 던졌다고 한다. 이 욕설을 전해들은 트루먼의 심정은 어땠을까?

두 사람의 갈등에서 패자는 맥아더가 아닌 트루먼이었다. 대중들한테 영웅 칭송을 받던 맥아더를 해임한 까닭에 트루먼의 인기는 바닥을 모르고 떨어졌다. 그의 임기 마지막 해인 1952년에는 지지도가 22퍼센트까지 추락했다. 이는 미 역사상 대통령 지지도 중 가장 낮은 것이라 한다. 트루먼은 결국 재선 도전을 포기하고 아이젠하워에게 바통을 넘겨주었다.

참고로, 미국 대통령 임기는 4년이지만 연임이 가능하다. 만약 현직 대통령이 유고상황일 경우 부통령이 승계하는데, 이 경우 잔여임기 채우는 것을 포함해 최장 10년까지 연임이 가능하다. 트루먼은 전임 루스벨트 대통령이 3선 직후 건강이 악화돼 타계하자 부통령으로서 곧바로 대통령직을 승계한 후 4년의 잔여임기를 채우고, 1948년에 선거를 통해 다시 4년의 대통령직을 수행했다.

FALLING AMERICA

| 제3장 |

미국을 움직이는
1퍼센트의 비밀

월스트리트, 선택된 자들만의 천국

저명한 경제학자 조지프 스티글리츠는 2008년 금융위기의 원
인을 분석한 《끝나지 않은 추락》 말미에서 색다른 문제를 지적
했다. 미국의 우수한 인적자원이 잘못 분배된 것이 위기를 가
져온 이유 중 하나라는 것이다.

"우리가 대학 다닐 때는 가장 우수한 학생은 주로 과학이나 교육,
의학을 선택했다. 우리가 10대 청소년이었을 때 부모님은 이렇
게 말했다. '돈은 중요하지 않다. 전혀 행복을 가져다주지 못한
다. 신이 너에게 준 두뇌는 다른 사람을 위해 사용해야 한다.' 하
지만 오늘날 우수한 학생들은 대부분 금융분야를 선택한다. 떼
돈을 벌 수 있다는 유혹을 뿌리치지 못한다."

스티글리츠는 미국을 재건하려면 월가, 즉 금융이 지배하는 사회구조의 재구축이 필요하다고 주장했다. 클린턴 정부 시절에 경제자문위원장까지 지낸 인물마저 금융 중심의 미국이 잘못됐다고 이야기하는 것을 보면 확실히 대다수에게 월가는 갈수록 커지는 빈부격차의 진원지이자 미국을 위기로 몰아넣은 원흉이나 다름없는 존재로 비춰진다.

월가, 그중에서도 골드만삭스, 모건스탠리 등 유수의 핵심 투자은행들은 대다수 평범한 미국인들과는 애시당초부터 동떨어진 존재다. 하버드, 예일, 프린스턴 등 동부 아이비리그 명문을 나와도 낙타가 바늘구멍 들어가기만큼 어려운 게 투자은행 입성이다. 돈을 굴리는 직업이 으레 그렇듯 월가 투자은행에 들어가려면 소위 집안도 좋아야 한다. 학연과 혈연 등을 통해 인적 네트워크가 잘 갖춰져야 돈이 되는 대규모 딜(deal)을 더 쉽게 따낼 개연성이 높기 때문이다. 한국에서조차 좋은 금융회사에 입사하는 신입사원들을 보면 다들 집안이 좋은 자제들인데, 자본주의 심장부인 월가는 더더욱 어쩔 수 없는 일이다.

결국 월가는 소수의 선택된 자들만의 천국인 셈이다. 그런 월가가 소득불평등이 심화된 원인 제공자이자 나아가 2008년에는 금융위기를 촉발시킨 장본인이었고, 위기가 터진 이후에는 정부에 파견한 앞잡이(헨리 폴슨 재무장관 등)와 온갖 로비력을 동원해 천문학적 구제자금을 지원받아 아무 일 없었다는 듯 보너스 잔치를 벌였다. 점잖은 스티글리츠조차 "미국의 가장 큰 도적은 바로 월가의 투자은행"이라며 원색적으로 비난하고 나선 것이다.

하지만, 하지만 말이다… 만약 월가가 없었다면 미국의 오늘이 가능했을까? 사실 월가를 떼놓고 미국의 경쟁력을 생각하라면 상상조차 안 간다. 월가가 국내총생산(GDP)에서 차지하는 비중은 10퍼센트 미만이지만 실질적 역할은 그 이상이다. 미국은 금융산업을 통해 과거 제조업을 일본과 유럽에 빼앗기면서 허물어진 자존심을 되살렸을 뿐 아니라 월가를 통해 사실상 세계를 지배할 수 있었다.

과연 월가는 미국을 망치는 원흉인가? 아니면 앞으로도 영원히 미국을 먹여살리는 경쟁력의 원천이 될 것인가? 그 해답은 미국인들만이 알고 있다.

오즈의 마법사

《오즈의 마법사》는 우리에게 익숙한 동화다. 미국 캔자스에 사는 도로시라는 소녀가 오즈 대륙에서 겪는 모험을 시간순으로

서술한 것이다. 동화로만 알고 있는 이 소설은 실은 19세기 미국의 금본위제를 둘러싼 정치 풍자소설이다. 다시 말해 오즈의 마법사에는 미국 통화제도의 역사가 녹아들어 있다.

잠깐 줄거리를 보자. 소녀 도로시가 회오리바람에 휩쓸려 '오즈(Oz)'라는 환상의 나라에 도착하는 데서부터 이야기는 시작된다. 집으로 돌아갈 수 있는 방법은 마법사 오즈의 도움을 받는 것뿐이다. 도로시는 오즈를 만나기 위해 노란 벽돌길을 따라 모험에 나선다. 그 모험길에서 허수아비, 양철 나무꾼, 사자 등을 만나는데 이들도 오즈에게 소망을 부탁하기 위해 여행에 합류한다. 이들은 험난한 모험 끝에 마법사 오즈를 만나지만 오즈는 소원을 들어주지 않는다. 그러나 도로시는 착한 마녀를 통해 자신이 신은 '은 구두'를 바닥에 톡톡 치며 소원을 빌면 모든 것이 이루어진다는 비밀을 알게 되고 무사히 집으로 돌아온다.

이 동화는 중서부의 지역신문 기자가 직접 연재한 소설이다. 그는 미국의 화폐제도였던 금본위제*의 문제를 지적하기 위해 이 소설을 썼다. 물론 당시 독자들은 소설이 내포하는 정치성을 파악했으며 금본위제에 반대하는 독자들의 열화와 같은 성

★ 화폐단위의 가치와 금의 가치를 일치시키는 제도, 즉 순금 1온스 = 391.20달러 (1993년)라는 식으로 통화가치를 금의 가치에 연계시키는 제도.

원을 받았다. 하지만 소설은 나중에 영화, 뮤지컬 등으로 인기를 끌면서 정작 후손들은 원작자의 본래 뜻은 모른 채 단지 어린이들을 위한 환상모험 동화로만 알고 있다. 원작자가 지금 살아있다면 어찌 생각할까.

그렇다면 이 소설에 녹아 있는 당시의 정치, 경제 상황을 이해하기 위해서는 금본위제가 왜 문제가 되었는지부터 살펴보아야 한다. 건국 초기에 화폐제도로 금·은 본위제*를 채택했던 미국은 남북전쟁(1861~1865) 이후 금본위제로 돌아섰다. 은의 산출량 증가로 가치를 유지하기 힘들어졌기 때문이었다. 하지만 금본위제 역시 심각한 문제를 안고 있었다. 각국 중앙은행은 금의 보유량만큼 화폐를 찍어냈는데 경제 규모는 커지는 반면 금 보유량은 한정돼 있어 갈수록 금 가치(=화폐가치)는 폭등하고, 반대로 물가는 폭락하는 현상이 발생했다. 19세기 말 미국은 물론 영국 등 유럽국들도 디플레이션 현상에 시달렸다.

화폐가치가 오르면 좋아지는 사람은 화폐를 많이 보유한 부자들이다. 반대로 돈이 없어 고리대금을 빌려 쓴 빈자들은 더욱 가난해지는 악순환에 빠진다. 이 때문에 미국 전역에서 금본위제에 반대하는 움직임이 거세게 일어났다. 이 논쟁은 정치

★ 복본위제: 금과 은 모두를 화폐단위로 삼는 제도.

권으로 이어져 부자와 상공인(지역적으로는 동북부)을 대변하는 공화당은 금본위제 찬성을 주장했고, 농민과 노동자(지역적으로는 남서부)를 대변하는 민주당은 폐지를 주장했다. 공화당과 민주당의 갈등은 1896년 대통령 선거에서 절정으로 치달았다. 공화당 후보로 나선 맥킨리(Mckinly)는 금본위제 유지를, 민주당 후보로 나선 브라이언(Bryan)은 금본위제 폐지와 복본위제 복귀를 주창하며 치열한 싸움을 벌었다.

《오즈의 마법사》를 쓴 기자는 브라이언의 열성 지지자였던 셈이다. 하지만 선거 결과 민주당이 대패하자 금본위제는 그대로 유지되었다. 금 부족으로 전 세계가 공황으로 치닫는 국면이어서 위기감이 극에 달했지만 공화당이 승리한 후 브라질 등에서 잇따라 금광이 발견되면서 공황은 찾아오지 않았다.

그렇다면 《오즈의 마법사》에 이런 통화제도 논쟁이 어떻게 투영되었을까. 우선 동화에 등장하는 인물들에는 정치 경제적 상황이 반영되어 있다. 주인공 도로시는 미국의 대표적 농촌 도시인 캔자스에 사는 전형적 미국 시민을 상징한다. 오즈(Oz)는 금과 은의 무게단위인 온스(Ounce)의 약자다. 도로시가 여행하는 '노란 벽돌길'은 금본위제를 빗댄 것이며, 도로시의 소원을 이루어준 '은 구두'는 은본위제를 뜻한다. 건국 초기 화폐제도인 금은본위제로 돌아가는 게 정답임을 암시한 것이다. 이밖에 허수아비는 농민을, 양철 나무꾼은 공장 노동자를, 사자는 민주당 후보로 대선에 출마했지만 나약한 브라이언을 상징한다. 이런 배경을 알고 〈오즈의 마법사〉를 읽는다면 색다른 느낌이 들 것이다.

페어팩스 vs 몽고메리

페어팩스와 몽고메리는 워싱턴DC 일원인 버지니아와 메릴랜드 주의 대표적 카운티다. 페어팩스가 버지니아의 가장 부자 동네라면 몽고메리는 메릴랜드의 최고 부유층들이 몰려 사는 동네다. 지리적 위치도 아주 비슷하다. 워싱턴DC 경계선에서 10마일(약 16km) 안에 위치해 있다.

비슷한 조건을 가진 두 카운티가 최근 운명이 조금씩 바뀌고 있다. 페어팩스는 부자들뿐 아니라 기업들이 속속 유입돼 비즈니스가 번창하는 반면 몽고메리는 부자와 기업들이 떠나면서 활기가 떨어지고 있는 것이다. 대표적 부자 동네이면서 자존심 대결을 펼쳐온 두 카운티의 운명을 엇갈리게 만든 것은 바로 세금이다. 우리나라도 감세, 증세 논쟁이 치열하지만 정부의 세금정책이 어떤 영향을 미치는지는 두 카운티 사례에서 극명하게 나타난다.

우선 몽고메리를 보자. 몽고메리가 속한 메릴랜드 주정부는 주의회에 2013년 예산안을 제출하면서 소득세를 비롯한 각종 세금 인상안을 포함시켰다. 만성적자에 시달리는 메릴랜드는 2013년에도 10억 달러 정도의 적자 예산안을 편성했으며 이 적자를 메우기 위해 소득세 인상안을 들고 나온 것이다. 연 10만 달러 이상 소득을 올린 가구를 대상으로 소득세를 7퍼센트로 올린다는 것이 주 내용이다. 이밖에도 기름값에 붙는 세금을 올리고, 심지어 화장실세까지 인상한다는 계획도 포함되었다.

소득세가 인상되면 가장 큰 타격을 받는 곳은 부자 동네인 몽고메리카운티다. 몽고메리 거주민의 평균소득은 연 11만 달러다. 소득세가 인상되면 전체 가구의 절반 이상이 세 부담이 커지는 셈이다. 주정부의 이 같은 계획에 주의회 다수를 차지하는 민주당은 즉각 환영의 뜻을 비쳤다. 재정적자 해소에 도움이 될 좋은 아이디어라는 것이다. 하지만 공화당은 반대 입장이다. 세 부담이 커지면 비즈니스 환경도 열악해지고 카운티 발전에 저해 요인이 된다는 이유에서다.

몽고메리카운티 당국도 상당한 우려를 표시했다. 세 부담이 늘면서 기업과 소규모 비즈니스 업주들이 몽고메리보다 페어팩스를 선호한다는 것이다. 여기에다 메릴랜드의 경제성장 엔진 역할을 하는 몽고메리의 경쟁력이 약화되면 주정부의 세수입도 줄어 적자가 더 커지는 악순환에 빠질 공산이 크다는 것이다.

반면 페어팩스는 버지니아의 낮은 세금정책 혜택을 톡톡히 보고 있다. 이곳의 소득세는 소득수준별로 다르지만 고소득자들이 내는 최고 세율도 5퍼센트대로 낮다. 주마다 다른 판매세도 5퍼센트로 6퍼센트인 메릴랜드에 비해 낮다. 이 덕분에 페어팩스카운티의 중심부라 할 수 있는 맥클린 지역의 타이슨스코너에는 KPMG 등 대형 컨설팅 기업에서부터 소규모 비즈니스가 성업 중이며, 대규모 쇼핑몰이 들어서 연일 활기가 넘친다.

감세를 할 것인가, 아니면 증세를 할 것인가? 이에 대한 해답은 페어팩스와 몽고메리의 엇갈린 운명이 제시해주고 있다.

부자들이 세금을 덜 낸다고?

한국도 그렇지만 미국도 부자와 대기업이 공공의 적이다. '월가 점령' 시위도 기업의 탐욕을 1차 표적으로 하고 있다. 갈수록 격차가 확대되는 부의 불평등 원인도 1퍼센트의 부자들이 부를 독점하고 있기 때문이라는 공분이 확산되고 있다.

때문에 대기업은 물론 부자들에 대해 세금을 올리자는 주장이 곳곳에서 터져나오고 있다. 급기야 오바마조차 부자 증세를 들고 나왔다. 오바마가 추진 중인 부자 증세에 강력한 지원자 역할을 한 장본인은 투자의 현인으로 추앙받는 워런 버핏이다. "부자들이 샐러리맨들보다 세금을 덜 내고 있다. 미국의 미래를 위해 부자들이 자발적으로 세금을 더 내야 한다"는 한마디가 오바마의 세제개혁에 기름을 붓는 격이 됐다.

과연 부자들이 세금을 덜 내고 있을까? 먼저 소득세율을 살펴보자. 2011년 기준으로 개인소득세(연방세 기준)는 6단계로 나눠 매겨진다. 연간소득이 0~8500달러는 10퍼센트, 8500~3만 4500달러는 15퍼센트, 3만4500~8만3600달러는 25퍼센트, 8만3600~17만4400달러는 28퍼센트, 17만4400~37만9150달러는 33퍼센트, 37만9150달러 초과는 35퍼센트다. 자고로 세제는 단순할수록 좋다지만 미국 소득세율은 우리나라 소득세율(5단계)보다 복잡하다.

위의 소득세율로 보면 소득이 많을수록 세율이 높다. 일반적으로 적용되는 누진세율 개념 때문이다. 그런데 왜 부자들이 세금을 덜 낸다는 것일까? 해답의 열쇠는 자본이득(capital gain)에 부과되는 세금에 있다. 버핏이 엄청난 자산의 소유자이면서도 샐러리맨보다 세금을 적게 내는 이유는 자산 대부분이 금융소득에서 나오기 때문이다. 샐러리맨들은 연소득에 따라 많게는 35퍼센트에 달하는 세금을 봉급에서 원천과세하지만 자본이득에 대해서는 많아야 15퍼센트의 세율이 매겨진다.

버핏의 자산이 대부분 주식이므로 당장 이익이 실현되지 않는 한 세금이 부과되지 않는다. 자산을 빌&멀린다게이츠재단에 기부하면 결국 세금을 한 푼도 안 내게 되는 셈이다. 이 때문에 버핏이 오바마를 지원하고 나섰을 때 월가에서는 비난의 목소리가 높았다. 자본시장 옹호자인 〈월스트리트저널〉은 사설에서 버핏에게 "당신의 재산이 어떻게 형성되는지를 먼저 밝혀라"고 요구했다.

세율이 일정 선을 넘어서면 오히려 전체적인 세수가 줄어든다는 이른바 래퍼곡선이론을 처음 내놓은 아서 래퍼(Arthur Laffer) 회장도 CNBC에 출연해 "버핏은 위선자"라며 정면으로 공격했다. 그는 "버핏이 만약 공정성을 원한다면 자산 형태에 상관없이 10억 달러 이상을 가진 부자들에게 일률적으로 50퍼센트의 세금을 물리자고 제안해야 합니다. 만약 그런 부자세를 도입한다면 버핏이 과연 찬성할까요?"라고 되물었다.

자본주의 종주국인 미국에서 부의 불평등이 선진국 가운데서도 가장 심각하다는 분석이 나오면서 상위 1퍼센트 부자들은 이래저래 공격의 타깃이 되고 있다. 오바마가 제안한 '버핏세' 가 의회에서 통과된다 해도 그것과 별개로 부자들은 2013년부터는 세율이 확 올라간다. 부시 정부 시절 감세를 단행하면서 최고소득에 부과되었던 39.6퍼센트 세율을 한시적으로 35퍼센트로 낮췄는데 그 시한이 2012년 말로 종료되기 때문이다. 오바마는 당선 초기에 소득세 한시 유예를 연장하지 않겠다는 의사를 분명히 한 만큼 2013년에는 부자의 소득세율이 39.6퍼센트로 복귀할 가능성이 높다.

여기에다 연방제인 미국은 각 주별로 '주세(State Tax)'라는 명목의 세금이 부과되고, 또 이와는 별도로 카운티 당국에서 걷는 세금도 있다. 부자들은 연방소득세에 주세까지 더할 경우 월급의 절반을 세금으로 내야 하는 상황에 몰린다. 주세는 각 주별로 자율적으로 정해지기 때문에 세율이 주마다 다르다. 캘리포니아가 9.3퍼센트로 가장 높고, 뉴저지 9퍼센트, 콜로라도 4퍼센트 등이다. 한 가지 흥미로운 사실은 텍사스와 플로리다처럼 주세를 받지 않는 곳도 있다. 이 때문에 소득이 많은 스포츠 스타들은 세금을 아끼려고 거주지를 플로리다나 텍사스에 두는 경우가 많다. 프로선수 중 연봉 1위인 타이거 우즈는 플로리다에 살고 있으며, 최경주 선수는 텍사스에 저택을 구입해 살고 있다.

버핏룰 vs 라이언 플랜

이명박 정부 집권 2년차 즈음에 '공정사회' 논쟁이 벌어졌다. 강부자(강남 부자) 정권이라고 비판받았던 이명박 정부가 인기 만회를 위해 일종의 노선 변화를 시도하면서 내놓은 공정사회론이 논쟁의 불을 당겼다. '무엇이 진정 공정한 것인가'를 두고 학자와 논객들 사이에 꽤나 갑론을박이 오갔다. 이런 시류를 타고 하버드대 철학과 교수인 마이클 샌들의 《정의란 무엇인가》가 불티나게 팔렸다.

이 공정 논쟁이 지금 미국에서도 벌어지고 있다. 공정이라는 화두를 던진 질문은 "Who is not paying their fair share?(누가 공정한 자기 몫을 부담하지 않는가?)"였다. 소위 버핏세에서 비롯된 이 논쟁은 벌써 1년이나 된 해묵은 구문이 됐지만 대선을 앞두고 다시 불거지고 있다. 오바마가 대선을 8개월 정도 앞둔 2012년 5월 초, 이른바 '애국적 백만장자들'을 대동하고 기자회견장에 나타나 '버핏룰(Buffet Rule)'이 의회에서 통과되길 다시 한번 촉구한 것이다.

버핏룰은 연소득이 1백만 달러를 넘는 부자들에게 매기는 세율(소득세+이자소득세+배당세 등을 모두 합쳐)을 최소 30퍼센트 이상으로 높이겠다는 것이다. 이 아이디어는 주식부자인 워런 버핏이 "내가 내는 세금이 내 비서보다 적다"고 고백한 데서 출발했다. 주식부자의 주 소득인 배당세가 15퍼센트로 일반 샐러리맨들의 소득세율보다 낮기 때문에 벌어진 것이다.

오바마는 연설에서 "이는 계급투쟁이 아니며 부자에게서 돈을 걷어 가난한 사람에게 나눠주려는 부의 재분배 차원도 아니다"라며 "많이 버는 데도 세금을 덜 내는 것을 바로잡기 위한 공정의 문제"라고 주장했다. 이날 오바마 뒤에 서 있던 한 백만장자는 며칠 뒤인 2012년 5월 12일자 〈워싱턴포스트〉에 직접 기고까지 하면서 오바마를 지지했다. 휘트니 틸슨(Whitney Tilson)이라는 헤지펀드 매니저였다. 그는 자신을 '건전한 재정을 위한 애국적 백만장자 멤버'라고 소개하며 'Please, raise my taxes(제발 내 세금을 올려주세요)'라는 제목의 글을 썼다.

> "버핏룰이 도입되면 나의 세율은 21.4퍼센트이며 지금보다 40~50퍼센트 더 올라간다. 그럼에도 내가 버핏룰을 지지하는 이유는 많이 번만큼 많이 내야 한다는 공정함 때문이고, 무엇보다 재정악화로 국가가 파탄 나는 것을 막아야 한다는 절박함 때문이다."

일부 백만장자들까지 가세한 공정 논쟁에 공화당은 전혀 다른 제안을 들고 나왔다. 이른바 '라이언플랜(Ryan Plan)'이다. 소위 사회적 약자에게 지원되는 메디케어와 메디케이드가 과도하니 축소하자는 것이다. 예산 문제에 정통한 폴 라이언(Paul Ryan) 하원의원이 제안한 이 플랜이 내세우는 슬로건 역시 '공정'이다. 메디케어, 메디케이드 대상자들이 필요 이상으로 과도하게 가져가는 것이야말로 불공정이며, 이는 결국 메디케어, 메디케이드 프로그램을 구제불능 상태에 빠지게 해 종국적으로는 정부 재정을 갉아먹는 원인이 된다는 것이다.

과연 두 개의 서로 다른 '공정' 중에 어떤 주장이 옳을까? 이에 대한 대답은 물론 각자가 지닌 이념적 성향에 따라 다를 것이다. 하지만 두 개의 주장의 공통점은 정치적 구호에 불과하다는 것이다. 표면적으로는 '재정적자 감축을 위해서'라는 구호를 내세우고 있지만 속내는 모두 다른 곳에 있다. 우선 버핏룰이 도입되면 과연 재정적자에 얼마나 도움이 될까? 10년간 470억 달러를 추가로 거둘 수 있다는 게 오바마 정부의 계산이다. 연방정부 재정적자 1조3000억 달러에 비하면 그야말로 새발의 피다. 누적된 빚 15조6000억 달러에 비하면 더더욱 말할 것도 없다.

라이언플랜 역시 메디케어, 메디케이드에 투입되는 정부 예산을 줄여 재정적자에 얼마나 도움이 될지에 대한 청사진은 없다. 결국 〈워싱턴포스트〉 칼럼니스트의 주장대로 버핏룰을 내

세우는 민주당이나 라이언플랜을 제안한 공화당 모두 실제 법안 통과보다는 대선 기간에 지지층을 대상으로 표심을 호소하기 위한 일종의 '술책'에 불과한 것이다.

캘리포니아의 세금 불복종 역사

캘리포니아는 전통적으로 신흥 부자들이 자리 잡은 곳이다. 식민지 개척에서 소외되어 동부보다는 늦게 개발됐지만 19세기 금광 발견을 계기로 너도나도 금을 찾아 서부로 향하면서 급속한 발전을 이루었다. 21세기 들어서서는 실리콘밸리를 중심으로 IT 혁명을 주도해 특히 젊은 부자들이 많은 곳이기도 하다. 하지만 캘리포니아는 신흥 부자들이 많이 사는 것과 달리 주정부는 가장 가난한 주에 속한다. 아놀드 슈왈츠제네거 주지사가 주정부 파산을 선언한 것은 이미 널리 알려진 사실이다.

 일반적으로 부자가 많이 살고, 돈 버는 기업들이 많이 입주하면 세금 납부가 늘기 때문에 주정부는 재정이 튼튼해야 정상이다. 하지만 캘리포니아 주정부는 비버리힐스에 사는 천문학적 부자들과 구글을 비롯한 세계적 IT 기업, 할리우드 큰손들을 거느리고 있으면서 왜 만성 재정난에 시달리는 것일까?

이유는 뜻밖에도 세금 불복종 역사와 밀접히 연관돼 있었다. 자고로 세금의 역사는 불복종의 역사였다. 국가 단위가 형성되면서부터 부과되기 시작한 세금은 개인 입장에선 재산을 강탈해가는 것이나 다름없었기 때문에 항상 저항이 생기기 마련이다. 때로는 저항이 조직적으로 불붙어 왕정을 뒤엎는 혁명으로 번지기도 했다.

캘리포니아는 세금 불복종의 역사를 대표적으로 간직한 곳이다. 그것도 현대에 들어서다. 이른바 '캘리포니아 주민발의 13(California Proposition 13)'이다. 사건은 1978년으로 거슬러 올라간다. 1970년대 초 1차 오일쇼크 이후 경제가 침체되고 물가는 오르는 전형적 스태그플레이션이 나타나면서 주택가격이 치솟기 시작했다. 특히 인구가 급격히 늘어난 캘리포니아 지역은 주택 수요가 끝없이 팽창하면서 주택가격 상승률이 미국 전역에서도 가장 높았다. 문제는 주택의 명목가격이 상승하면서 그에 따라 재산세 부담도 급격히 증가했다는 점이다.

덩달아 치솟는 세금 부담을 견디다 못한 캘리포니아 주민들은 세금 불복종운동을 위한 주민발의를 조직했고, 이것이 '캘리포니아 주민발의 13(공식 명칭은 People's Initiative to limit Property Taxation)'으로 표출됐다. 맨 처음 주창한 사람은 하워드 자비스(Howard Jarvis)라는 LA 부동산 재벌로, 그가 소유한 부동산회사하워드자비스어소시에이션(Howard Jarvis Association)을 통해 로비스트까지 고용하면서 조세 불복종을 조직화했다.

주민발의의 가장 핵심이면서도 논쟁이 된 조항은 1조 1항으로 재산세의 상한을 설정한 조항이다. "부동산 자산에 붙는 어떤 세금도 현금으로 환산한 총금액의 1퍼센트를 넘지 못한다." 당시 명목금액의 3퍼센트를 재산세로 걷어갔는데 이를 1퍼센트가 넘지 못하게 강제한 것이다. 주민발의는 또 재산세율뿐 아니라 소득세율을 올리기 위해서는 주민 2/3의 동의가 필요하다(종전에는 과반수)는 조항도 포함시켰다.

이 발의는 캘리포니아 주민의 70퍼센트가 참여해 65퍼센트의 찬성률로 통과됐다. 이는 당장 주민들의 생활 안정을 가져오는 긍정적인 면도 있었으나 종국에는 사회적 파장이 만만치 않았다. 가장 큰 문제는 재산세에 의존하는 주정부의 수입이 줄어들었다는 점이다. 이듬해 주정부의 재산세 수입은 57퍼센트가 줄어들었다. 서부개척시대에 금광이 발견되고 그 이후 석유와 풍부한 식량자원을 보유한 부유했던 캘리포니아의 재정은 이를 계기로 만성적자에 시달렸다.

연쇄 파장도 컸다. 세 부담이 줄어들자 주택 가격은 끊임없이 치솟았다. 주택을 보유한 부자들은 좋았지만 거꾸로 집이 없는 가난한 사람들에게는 더욱 큰 고통이었다. 하지만 시장자율 조절 기능을 잃은 가격은 언젠가는 붕괴되기 마련이다. 버블이 꺼지면 그 고통은 집을 소유한 사람에게도 돌아간다. 주정부 재정이 어려워지면서 교육 분야 투자도 급격히 줄어들었다. 1960년대까지만 해도 최고 수준을 자랑했던 캘리포니아 공교육은 이후 50개 주 가운데 48번째로 전락했다.

결국 주정부 재정파탄에 직면한 캘리포니아는 2003년 아놀드 슈왈츠제네거가 주지사로 당선되면서 '캘리포니아 주민발의 13'의 공식 철회를 추진했고 이후 세율을 대폭 올렸다. 이로써 주정부가 물리는 주세(state tax)와 카운티 정부가 매기는 지방세는 미국에서도 가장 높아졌다. 낮은 세율을 자랑하던 주가 한순간 가장 높은 세율을 매기는 주로 뒤바뀐 것이다. 한 부동산 재벌의 돈 욕심으로 시작된 세금 불복종운동과 주민들의 집단 이기주의는 결국 후손들의 부담으로 이어진 셈이다.

시카고보이즈

'시카고보이즈(Chicago Boys)'라는 말이 있다. 얼핏 들으면 무슨 록그룹 이름 같지만 미국 경제학계의 오랜 논쟁의 역사가 녹아들어 있다. 시카고보이즈는 이른바 경제학계의 진보진영(정확히 말하면, 케인지언적 관점에서 현실을 바라보는 쪽)에서 보수진영을 비난할 때 흔히 쓰는 용어다. 직접적으로는 시카고학파(Chicago School)를 우회적으로 비꼬는 용어다. 시카고대학 경제학과는 밀턴 프리드먼을 위시해 정부에 맞서 시장자유를 주창해온 이른바 신자유주의자들이 몰려 20세기 말 미국은 물론 전 세계 경제학계의 최대 계파를 형성했다.

1980년대 자유시장-작은 정부, 감세를 핵심으로 한 레이거노믹스와 영국 대처리즘의 토대를 제공한 곳이며, 레이건 정부 이후 30년간 경제정책의 근간을 지배해온 학파이기도 하다. 물론 2008년 금융위기 이후에는 시장의 무질서를 정부가 바로잡아야 한다는 관념이 지배적이어서 최근에는 정부의 시장 개입을 옹호하는 진보진영에 눌려 침묵을 지키고 있다.

미국 경제학계의 보수-진보 논쟁을 살펴보려면 20세기 초로 거슬러 올라가야 한다. 20세기 보수주의 경제학 원조는 하이에크(Friedrich August von Hayek)와 미제스(Ludwig von Mises)다. 둘 다 오스트리아 출신 경제학자로 빈학파의 선두주자이며 빈대학에서 동문수학했다. 특히 하이에크는 33세 때 런던경제대(LSE)로 옮긴 이후 캠브리지대 교수이면서 이른바 캠브리지학파를 이끌던 케인즈와 스파링 파트너로 불릴 만큼 치열한 대결을 펼쳤다.

철저한 자유방임주의자인 하이에크의 이론은 46세 때인

1944년 《노예의 길The Road to Serfdom》이라는 명저를 내면서 절정에 달했다. 케인즈를 필두로 수정 자본주의자들이 주장한 '정부의 개입에 의한 계획경제'는 자유와 절대 양립할 수 없으며, 경제적 자유는 정치적 자유의 필수조건이라는 것이 이 책의 핵심이다. 하지만 대공황 이후 하이에크와 케인즈의 대결은 일단 케인즈의 승리로 끝났다. 그 유명한 《고용, 이자 및 화폐의 일반이론The General Theory of Employment, Interest and Money》은 케인즈에게 승리를 안겨준 결정적 역작이었다.

대공황은 공급과잉을 유효수요 부족이 받쳐주지 못해 발생한 것이므로 정부가 재정을 풀어 수요를 살려야 한다는 것이 케인즈의 주장이었다. 이 해법은 뉴딜정책 등 각국의 경제정책에 반영되면서 기존의 고전파 경제학자들과 그 후예들을 한방에 날려보냈다.

하이에크도 예외는 아니어서 《노예의 길》은 한창 성가를 날리던 케인즈의 위세에 눌려 정작 영국에선 빛을 발하지 못했다. 다행히 그의 책은 대서양을 건너 미국에서 꽃을 피웠다. 출간되자마자 베스트셀러에 올랐는데 책을 펴낸 곳은 다름 아닌 신자유주의의 본산인 시카고대학 출판부였다. 흥미로운 것은 하이에크는 물론 그의 스승이자 친구인 미제스 역시 말년에 신자유주의가 화려하게 꽃을 피운 미국으로 귀화했다는 점이다.

하이에크는 시카고대학으로, 미제스는 뉴욕대학으로 옮겼다.

몽펠르랭소사이어티

하이에크가 《노예의 길》을 출간한 뒤 1947년 스위스 제네바의
한 호텔에서 출간 기념회가 열렸다. 36명의 학자들이 모였는데
그들은 즉석에서 호텔이 있는 지역의 이름을 따 '몽펠르랭소사
이어티(Mont Pelerin Society)'를 출범시켰다. 여기에는 하이에크를
비롯해 미제스, 밀턴 프리드먼, 철학자 칼 포퍼 등이 참여했다.
훗날 이 모임은 경제학 역사에 신자유주의의 서막을 알리는 신
호탄으로 기록됐다. 서구사회에 몽펠르랭소사이어티의 영향력
은 실로 대단했다. 보수주의 운동이 어떻게 가야 하는지를 대
변하는 모임이었고, 마가렛 대처 수상의 정책도 대부분 이들
멤버들에 의해 고안됐다. 1980년 레이건 경제정책 참모진 76명
중 22명이 이 모임의 멤버였다.

　케인즈에 눌려 지내던 자유주의자들이 기를 펴기 시작한 것
은 1970년대 들어서였다. 대공황 이후 루스벨트 대통령의 뉴딜
정책 등 세계 각국의 경제정책으로 채택된 케인즈의 처방은 그
가 죽고 난(1946년 52세의 나이로 타계) 이후에도 1960년대까지 무

려 30년에 걸쳐 위력을 발휘했다. 하지만 1970년대 들어 1차 오일쇼크 등으로 물가와 실업률은 치솟고 경제는 침체하는 스태그플레이션이 발생하면서 운명을 고했다. 케인즈 이론에 따르면 경제침체의 원인은 유효수요 부족이고, 이를 타개하기 위해(수요를 창출하기 위해) 정부는 인위적 재정 확대와 통화팽창 정책을 펴야 한다. 이는 필연적으로 과잉수요와 과잉투자에 따른 인플레이션과 고실업으로 연결된 것이다.

이때부터 자유주의자들은 일제 반격에 나섰다. 그 선봉에 시카고학파의 대부로 불리는 밀턴 프리드먼이 있었다. 물론 케인즈와의 1차전에서 패배한 아픔을 갖고 절치부심하던 하이에크도 자신의 예언이 맞았다는 확신에 미소를 지었겠지만 케인즈는 이미 저 세상으로 가고 난 후였다.

시카고대학에서 석사, 컬럼비아대학에서 박사를 받은 밀턴 프리드먼은 1962년 《자본주의와 자유Capitalism and Freedom》를 펴냈다. 기본 이념은 하이에크의 《노예의 길》과 크게 다르지 않았다. 현실 정책에서는 더 진보적이기까지 했다. 가령 정부가 소유한 우체국은 정부 독점이 낳은 대표적인 비효율적 기관이기 때문에 민영화해야 하며, 학생들이 공립학교 대신 사립학교에 다닐 수 있도록 지원하는 것이 더 많은 선택을 보장한다는 주장을 폈다. 그는 대공황 원인에 대해서도 케인즈의 주장처럼 수요 부족이 아닌 정부(특히 중앙은행)의 간섭과 잘못된 금융정책으로 인한 과잉 수요-과잉 투자 때문에 일어났다고 주장했다.

밀턴 프리드먼의 영향력은 이미 1960년대부터 가시화됐다. 미국 보수주의의 거장 베리 골드워터가 의회에서 정책을 펴는 동안 옆에서 든든한 이론 토대를 제공한 이가 바로 프리드먼이었다. 닉슨 대통령 시기에는 금태환을 버리고 자유변동환율제(1971년)로 가도록 이끈 배후조종자였다. 그는 달러화 가치를 고정시킨 브레튼우즈체제에 반대하는 입장이었다. 1980년 레이건 당선에도 혁혁한 공을 세웠으며 1981년 레이건에게서 경제자문위원장을 부탁받았으나 거절했다.

밀턴 프리드먼이 선봉에 선 신자유주의는 1980년대 레이거노믹스와 대처리즘으로 화려하게 꽃을 피우면서 이후 30년 가까이 경제학계의 주류로 자리 잡았다. 이른바 공급사이드 경제학(supply-side economics)★이다. 이를 계기로 케인지언의 총수요 관리정책(aggregate damand)★★은 폐기되는 운명에 처했다. 신자

★ 1980년대 레이건 행정부의 경제정책. 경제안정을 위해서는 생산력을 높여야 하며, 이를 위해서는 민간 저축과 기업 투자를 장려해야 하고, 소득세율을 과감히 인하해야 한다는 정책. 자원을 공공부문에서 민간부문으로, 소비재에서 자본재로 돌림으로써 생산력 증대와 물가안정을 꾀할 수 있다. 구체적 수단은 감세, 정부지출 삭감, 규제완화 등이다.

★★ 케인지언의 대표적 주장. 경제 침체는 총수요 부족에서 온다는 것이 기본 가정이다. 따라서 재정을 확대하고, 통화를 팽창시켜 수요를 이끌어야 한다.

유주의자들은 노벨경제학상을 휩쓰는 영예도 독차지했다. 세계가 케인즈주의에 실망하기 시작한 1970년대 들어 그의 적수였던 하이에크가 노벨경제학상을 수상한(1974년) 데 이어 2년 후에는 밀턴 프리드먼이 영광을 안았다. 반면 케인즈는 운이 나쁘게도 노벨경제학상이 제정되기 전에 타계해 수상 대상이 되지 못했다.

'권불십년(權不十年)'은 권력의 무상함을 빗댄 말이다. 하지만 경제학계에서는 '권불삼십년(權不三十年)'이 더 통한다. 케인즈든, 프리드먼이든 결국 30년을 못 버티고 권력을 내놓아야 하는 처지이기 때문이다. 1980년대 이후 30년을 지배해온 신자유주의는 2008년 금융위기를 계기로 전 세계적으로 의심의 눈초리를 받고 있다. 닉슨이 말했던 "We are all Keynesians now"가 다시 재현되고 있는 것은 아닐까.

우리나라도 그렇지만 미국도 지식인 사회에는 온통 케인지언밖에 보이지 않는다. 금융위기를 계기로 만능 해결사인냥 시시때때로 시장에 간섭하며 몸집을 키우고 있는 정부는 말할 것도 없다. 만약 프리드먼이 지금 살아있다면 우울증에 빠졌을 것이다. 불행인지 다행인지, 금융위기가 터지기 전인 2006년 11월 16일 샌프란시스코 자택에서 눈을 감았다.

Made in USA의 부활?

2012년 미 대선에 뛰어든 후보들이 공통적으로 외치는 대표적 구호는 '제조업 부흥'이다. 일본이나 한국에 빼앗긴 제조업의 자존심을 되찾자는 것인데, 사실 따지고 보면 2008년 금융위기 이후 줄곧 제기된 이슈다. 2008년 금융위기는 미국에 엄청난 충격을 안겨줬다. 비록 제조업을 빼앗겼지만 그동안 무리없이 세계를 지배해올 수 있었던 비결은 금융이었다. 그런 금융에서 초대형 문제가 터져 치유될 기미조차 보이지 않았던 것이다. 더더욱 금융위기를 계기로 잠재되어 있던 온갖 문제들이 외부로 불거지고, 이는 급기야 근본적인 체제 개혁을 요구하는 '월가를 점령하라'로 확산되었다.

미국이란 나라는 세계 최강국 이미지와 달리 내부에는 숱하게 많은 구조적 갈등 요인들이 산재해 있다. 대표적인 것이 빈부격차다. 지니계수 등 빈부격차를 나타내는 지수는 선진국 가운데서도 가장 높은 편에 속하며, 이런 문제들이 수면 아래에 잠복해 있다가 금융위기를 계기로 한꺼번에 드러난 것이다. 일각에선 미국식 자본주의는 이제 끝났다는 진단까지 나올 지경이다.

이런 갈등 요인들을 봉합하기 위해 정치인들이 들고나온 구호가 바로 '제조업 부흥'인 것이다. "이 시점에서 왜 제조업 부흥인가?"에 대한 이유를 들어보면 그럴싸하다. 첫 번째 이유는 무너진 중산층 복원이다. 1980년대 초까지만 해도 제조업은 탄탄한 중산층의 기반이었다. 자동차 세계 최대 생산국에 이어 화학, 중공업 등 이른바 굴뚝산업이 화려하게 꽃을 피울 때만 해도 미국인들은 여기에서 돈을 벌어 자녀를 교육시키고, 넓은 정원이 딸린 주택을 구입하고, 풍요로운 여가를 즐겼다. 하지만 1980년대 중반 이후 기술력으로 치고나온 일본제품(Made in Japan)에 이어 가격경쟁력을 갖춘 한국제품(Made in Korea)에 치이면서 제조업이 흔들리더니, 급기야 1990년대 이후 글로벌시장이 급속히 확산되면서부터는 싼 비용을 찾아 제조공장들이 너도나도 중국, 인도 등으로 대탈출 경쟁을 벌이면서 미국제품(Made in USA)을 더 이상 찾아보기 어려운 지경에 이른 것이다.

제조업 붕괴와 이탈은 곧바로 중산층에 직격탄을 날렸다. 대다수 중산층의 일자리가 사라지면서 소득도 줄어 통계적으로 봐도 1970년대 초를 정점으로 중산층의 실질소득은 지속적으로 감소해왔다. 현재 경제를 떠받치는 30~40대 샐러리맨들은 부모가 받던 임금(실질임금)보다 낮은 돈을 받으며 살아가고 있다. 미국 사회가 갈수록 소수 1퍼센트 부자와 대다수 99퍼센트의 가난한 사회로 가고 있다는 진단은 결코 과장이 아니다.

제조업이 살아나면 자동으로 해결되는 문제가 한두 개가 아니다. 우선 수많은 일자리를 창출해 고질병이 된 실업문제를 일거에 해결할 수 있다. 과도한 금융 의존도를 낮춰 안정적인 성장도 가능하다. 제조업이 부흥하면 그만큼 정부 세수입도 늘어 재정적자에도 청신호가 켜질 수 있다. 하지만 정작 큰 문제는 제조업이 과연 부활할 수 있느냐다. 세계 최고의 고비용 구조를 갖고 있으면서, 그렇다고 기술력에서 앞서는 것도 아니다. 이런 나라가 저비용, 고기술 국가들을 어떻게 이겨낼 수 있단 말인가. 잃어버린 제조업의 자존심을 되찾자고 주장하는 것은 마치 연못에서 고기를 낚자는 것과도 같은 식이다.

일각에서도 이런 한계를 인식한 때문인지 미국이 가야 할 길은 뭐니뭐니해도 금융을 비롯한 서비스산업을 더 강하게 키우는 것밖에 없다고 주장한다.

미국 기업들이여, 정신차려라

미국에 살다보면 분통 터지는 일이 한두 가지가 아니다. 특히 빨리빨리 문화에 젖어 사는 한국인들에겐 더욱 그렇다. 어딜 가도 모든 일이 느려터지기 때문이다. 한국에선 일상생활에서 문제가 생기면 제시간에 정해진 방식대로 고쳐져야 정상이고, 만약 그렇지 않으면 곧바로 항의해 사과를 받아내는 것이 당연하다. 미국에서는 그런 것은 아예 기대조차 안 하는 게 낫다. 특히 관공서의 뒤떨어진 서비스 마인드는 너무나도 유명하다.

일상에서 겪는 각종 생활서비스를 예로 들어 살펴보자. 집에서 TV를 보고 인터넷을 쓰려면 통신회사를 이용해야 한다. 내가 사는 북버지니아에서는 대부분 COX를 이용한다. 한국의 KT를 생각하면 된다. 그런데 COX란 말만 들으면 화부터 난다. 미국에 와서 가장 애먹는 일 중 하나가 유틸리티 신청이다. COX에 TV와 인터넷을 신청하려 전화를 걸었을 때부터 두통거리가 시작되었다.

상담원은 반가운 말투로 어떤 종류의 서비스 상품이 있고, 당신에게 가장 잘 어울리는 상품은 이것이니 한번 써보라며 온갖 아양을 떨었다. 여러 상품을 비교할 시간 여유도 없고, 어려운 통신용어를 써가며 가격 협상을 하기도 쉽지 않아서 권하는 상품으로 가입했다. 문제는 무선 인터넷을 쓰려고 한국에서 가져온 무선모뎀을 연결했으나 작동이 되지 않으면서부터 시작되었다. 전화를 걸어 "잘 안 되는 데 도와줄 수 있느냐"고 물었다. 한국 같으면 당연히 "저희 직원을 곧 보내드리겠습니다"라는 답변이 나온다. 그러나 COX 직원은 아주 싸늘한 말투로 이렇게 말했다. "그 무선모뎀은 우리 회사 제품이 아니니 도와줄 수 없습니다. 만약 그래도 도움이 필요하면 우리 직원을 보낼 수 있는데, 100달러의 서비스 요금을 내야 합니다."

내가 한 달에 무려 120달러에 달하는 고가 상품에 가입했는데도 매몰차게 대하는 것이었다. 그 후 주위 사람들에게 들어보니 내가 비싼 요금에 가입했다는 것을 알게 되어 요금을 조정하려고 몇 번 전화를 했다. 마침 TV에 TV와 인터넷을 싸게 이용할 수 있는 번들상품 광고가 나왔기에 그것으로 조정해달라고 부탁했다. 이번에도 여지없이 매몰찬 답변이 돌아왔다. "손님은 서비스 가입 당시 가장 저렴한 상품에 가입한 것입니다. 지금 나온 새상품은 새로운 가입자에게만 해당되는 것이니 손님과는 상관이 없습니다."

전화로 하도 자주 다투다 보니 싸움박질 영어가 가장 먼저 익숙해졌다. "그렇다면 기존 가입자는 모두 봉입니까? 지금 서비스를 끊고 새로 가입하겠어요"라고 따지자, 그 맹랑한 직원 왈 "정책이 그런 것입니다. 서비스를 끊으려면 집에 설치한 인터넷 연결 모뎀을 반납해야지요. 그리고 새로 가입할 경우 가입비는 추가로 내야 합니다." 한마디로 '불가능할 것'이라며 놀리는 것 같았다.

COX의 불친절은 유명하다. 하도 궁금해서 주위 사람들에게

COX에 대해 물었다. "미국인들에게도 COX의 무례함은 아주 유명합니다. 혹시 모르니 불만을 적어서 직접 이메일을 보내보세요. 이메일은 기록에 남기 때문에 약점 안 잡히려고 가끔 들어주는 경우도 있습니다." 아! 그런 방법이 있었구나 싶어 즉시 장문의 이메일을 보냈다. 한국식 영어교육을 받은 나로선 말하는 것은 서툴러도 쓰는 것은 자신 있었다. 그것도 아주 고급 단어와 유려한 문장을 구사해가면서… 하지만 하루이틀이 지나고 2주일이 지나도 감감무소식이었다. 재차 이메일을 보냈다. 그것도 아주 정중하게 "매우 실망스럽다. 또다시 답장이 없으면 서비스를 끊고 다른 회사에 가입하겠다. 다른 회사에서 더 싸면서도 혜택이 많은 상품을 제안해왔다"고 썼다.

그러자 다음 날 답장이 날아왔다. 아마도 '회사를 바꾸겠다'는 경고가 효력을 발휘한 듯싶었다. 하지만 내용은 역시나 꽝이었다. "당신 같은 이메일이 너무 많아 답장을 하는 데 시간이 걸려 매우 미안하다. 하지만 당신이 받고 있는 서비스는 최상의 상품을 가장 저렴한 가격에 제공하는 것임을 알았으면 한다"는 것이 전부였다. 이 일을 끝으로 나는 COX에 더 이상 따지지 않기로 했다. 한마디로 백기를 든 셈이다.

비단 COX만이 아니다. 각종 서비스(휴대폰은 버라이즌, 전기는 도미니언, 가스는 워싱턴가스 등)들도 대동소이하다. 이들 엉망 기업들의 고객만족도는 도대체 몇 점이나 될까? 하도 궁금해 인터넷을 검색했다. 그런데 놀랍게도 COX와 버라이즌은 상위에 속했다. 두 회사가 이 정도라면 다른 회사들의 서비스는 가히 불문가지라 할 수 있다. 이쯤해서 갑자기 궁금해졌다. 내가 비정상인가 아니면 이런 서비스를 참고 살아가는 미국인들이 비정상인가?

서비스는 엉망인 이들 회사들에 딱 한 가지 친절한 공통점이 있다. 요금 납부를 매우 편하게 고객 위주로 해놓았다는 점이다. 인터넷 홈페이지에 들어가면 가장 큰 메뉴가 'PAY NOW'다. 클릭하면 몇 가지 입력을 통해 신용카드나 개인수표로 손쉽게 결제할 수 있다. 서비스는 엉망이면서 돈을 걷어갈 때는 참으로 재빠르다.

제품의 품질력은 갈수록 떨어지고, 비용은 어느 나라보다 높고, 게다가 서비스까지 엉망인 미국 기업들. 그들이 국제경쟁력을 잃는 것은 당연한 일 아닐까.

일상 속에 숨어 있는 세금

우리나라와 마찬가지로 미국 역시 일상생활 곳곳에 세금이 숨어 있다. 메트로를 타고 워싱턴DC로 오갈 때나 차에 기름을 넣을 때, 식당에서 점심을 먹을 때, 마트에서 물건을 살 때도 영수증을 자세히 살펴보면 사용 금액의 4~6퍼센트 정도를 세금으로 낸다. 물론 마트에서 구입하는 식품은 대부분 면세다. 여기에다 가끔 여행이라도 하게 되면 아무리 저렴한 호텔에 묵어도 최소한 하룻밤에 10달러 이상의 세금을 낸다.

이뿐 아니다. 통신요금, 전기사용료, 수도사용료 등 각종 유틸리티 요금에도 7퍼센트 정도의 세금이 붙는다. 미국에서 내가 구입한 자산에도 세금이 부과된다. 물론 그 자산이란 게 자동차밖에 없지만 가격이 만만치 않은 관계로 상당액의 세금을 내고 있다. 차량 구입 때 냈던 등록세와 매년 정기적으로 내야 하는 세금을 합쳐 2000달러 가까이 냈다.

혹자는 이렇게 말한다. 비록 1년이지만 미국의 우수한 선진 인프라를 누리는 혜택에 비하면 그 정도 세금은 아무것도 아니지 않느냐고. 하지만 과연 그럴까? 미국에서 이방인으로 살면서 적지 않은 세금을 내야 한다는 생각을 하면 아깝기 그지없다. 그렇다면 실제 미국인이 느끼는 세 부담은 어느 정도일까? 계량적으로 측정하기는 힘들지만 상당한 수준이라는 게 대다수 미국인들의 생각이다.

우선, 연방국가인 만큼 대부분의 세금에 연방세와 주정부세가 매겨진다. 예컨대 봉급생활자들이 내는 소득세의 경우 연방세는 소득구간에 따라 많게는 세율이 35퍼센트에 달한다. 가장 적은 소득구간도 10퍼센트의 세금을 내야 한다. 우리나라는 면세점★ 제도 덕분에 근로소득자의 40퍼센트 이상이 소득세를 한 푼도 안 내는 것에 비하면 미국 근로자들의 세 부담은 상대적으로 꽤 크다(우리나라는 역대 정부들이 저소득층의 불만을 달래기 위해 근로소득세 면세점을 상향 조정한 결과 근로소득자 10명 중 4명 정도가 소득세를 내지 않는다. 2011년 기준으로 연소득 2000만원까지가 해당된다).

소득세에는 연방세 외에 주정부가 걷는 세금도 별도로 부과된다. 주마다 약간씩 다르지만 많은 곳은 10퍼센트에 육박하며 적은 곳은 4퍼센트에 달한다. 이 때문에 내가 다니는 대학의 한 교수는 "몇 푼 안 되는 월급(미국은 교수 월급이 생각보다 짜다)을 받는데, 거기다 이런저런 세금을 제하면 손에 정작 쥐는 것은 정말 쥐꼬리도 안 된다"고 불평을 잔뜩 늘어놓았다.

흥미로운 점은 특정 세금의 경우 연방세 및 주정부세 외에 카운티가 걷는 세금도 따로 있다는 것이다. 이처럼 과세 주체가 연방·주·지방의 셋으로 구분돼 독립된 과세권을 행사하기 때문에 2중·3중의 과세문제가 생기고 동일 항목에 대한 과

★ 총소득이 인적공제, 소득공제 등 각종 공제액 합계보다 적어 세금이 면제되는 구간.

세가 경합하는 일도 생긴다.

미국에는 우리나라에 있는 부가가치세가 없지만 여기에 해당하는 판매세(Sales tax)가 있다. 마트나 백화점에서 물건을 구입한 후 받은 영수증을 보면 이 항목이 반드시 있다. 판매세는 주마다, 같은 주에서도 카운티마다 다르지만 평균 6퍼센트 정도를 부과한다. 재정 상태가 상대적으로 양호한 주는 4퍼센트를 매긴다. 가장 비싼 주는 캘리포니아로 8.25퍼센트에 달한다.

버지니아는 4퍼센트지만 바로 옆에 붙어 있는 메릴랜드는 6퍼센트다. 따라서 메릴랜드에 사는 사람들이 값비싼 물건을 구입할 때는 버지니아로 넘어온다. 50개 주 가운데 오레곤과 델라웨어, 몬타나, 뉴햄프셔, 알래스카는 판매세가 없다.

하지만 전반적으로 미국의 세금제도는 우리나라보다는 국민 친화적이다. 우리나라는 직접세(소득세, 법인세 등)보다는 간접세(부가가치세, 개별소비세 등) 비중이 더 높은 반면(대략 45:55이며 개별 세목으로는 부가세>법인세>소득세 순서로 비율이 높다), 미국은 직접세 비중이 85퍼센트에 달한다. 간접세는 소득에 상관없이 소비에 똑같이 부과되기 때문에 저소득층에 불리하다. 때문에 간접세 비중이 낮을수록 선진적이다.

선진적인 세제를 갖고 있는 것과 달리 미국은 만성적인 세수 부족에 시달린다. 재정적자의 이유는 정부 지출에 비해 걷히는 세수가 부족하기 때문이다. 세수 대부분을 차지하는 소득세 수입을 늘리기 위해 부자와 대기업의 세금을 더 높이자는 주장이 나온다. 연소득으로 100만 달러 이상을 버는 부자들(대략 45만 명)에게 추가로 세금을 더 걷자는 버핏세가 대표적이다.

특히 상위 1퍼센트 부자들은 대부분 근로소득보다는 주식이나 금융소득 같은 비근로소득이 대부분이다. 그러므로 자본이득에 더 많은 세금을 부과해야 한다는 주장이 나온다. 미국의 자본이득 과세는 소득에 따라 최고 15퍼센트를 매긴다. 이는 최고 35퍼센트에 달하는 근로소득세율보다 낮다. 국세청(IRS)은 1992년부터 소득이 가장 많은 슈퍼리치 400명의 연소득과 세금 데이터를 공개하고 있다. 가장 최근인 2008년 데이터를 보면, 평균 소득세율은 18.1퍼센트로 낮다. 2007년에는 16.6퍼센트였다. 이들 자산의 대부분이 금융소득이기 때문이다.

자본이득세율은 2013년이 되면 자동적으로 최고 20퍼센트로 복귀하지만 상위 1퍼센트가 미국을 망친 장본인으로 매도당하는 현재 분위기라면 20퍼센트보다 더 높은 세율이 부과될 가능성도 높다. 역사적으로 보면 미국 부자들이 항상 낮은 세율을 적용받았던 것은 아니다. 클린턴 시절까지만 해도 슈퍼리치들은 소득의 30퍼센트 이상을 세금으로 냈다. 하지만 부시 정부 들어 2003년 단행된 감세조치에 따라 자본이득세와 배당소득세가 크게 낮아지면서 대공황 직전인 허버트 후버 대통령 이래 가장 낮아졌다.

우리나라는 자본이득세율이 0이다. 주식 양도차익은 기본적으로 비과세다. 국회 일각에서는 미래 재정 악화에 대비해 미국처럼 자본이득세를 도입하자는 주장이 나오고 있지만 자본시장이 크게 위축된다는 반발에 부딪쳐 쉽게 관철되지 못하고 있다. 하지만 미국처럼 보유 자산의 크기에 따라 세율을 달리하면서 자본이득세를 도입하는 것이 타당해 보인다. 외국인 투자 유인을 통한 자본시장 육성이라는 당초 목적은 이미 달성되고도 남은 데다 지금의 자본시장은 본래의 자본 조달시장으로서의 기능은 상실된 채 갈수록 투기화 되고 이에 따라 기업들 입장에서는 상장유지 비용이 더 큰 시장으로 전락하고 있기 때문이다.

아이비리그를 졸업한 실업자

미국도 매달 초 실업률 통계가 발표된다. 우리는 통계청에서 집계해 내놓지만 미국은 노동부가 발표한다. 노동부가 2012년 1월 초 발표한 실업률은 8.5퍼센트다. 언론은 2009년 2월 이후 가장 낮은 수치라며 의미를 부여하기에 바빴다. 8.5퍼센트는 우리나라 평균 실업률인 4퍼센트대의 두 배지만 두 자리 숫자에 달하는 유럽 국가들보다는 그나마 낮은 것이다.

우리나라도 실제 국민이 느끼는 실업과 통계로서의 실업률은 차이가 크다. 이는 미국도 마찬가지다. 공식 실업률은 8.5퍼센트지만 미국인들이 느끼는 고용문제는 상당히 심각하다. 특히 하위 계층으로 갈수록, 인종 가운데서도 마이너리티에 속한 인종일수록 실업은 생존 자체를 위협하는 수준이다.

노동부 통계를 자세히 들여다봤더니 역시 인종별로 분석된 실업률 지표가 나와 있다. 예상대로 흑인의 실업률은 15.8퍼센트로 가장 높았다. 히스패닉 실업률도 11.0퍼센트로 두 자릿수로 집계됐다. 반면 백인은 7.5퍼센트로 낮았다. 흥미로운 점은 아시안의 실업률은 6.8퍼센트로 백인들보다 더 낮다는 점이다. 아마도 다른 인종들에 비해 아시안 이민자들의 평균 학력이나 노동 능력이 상대적으로 높기 때문이 아닐까 짐작된다.

연령별로 봐도 격차가 확연하다. 주로 고졸자들이 포함되는 16~20세 미만 청년 실업률은 무려 23.1퍼센트에 달한다. 20~24세 실업률도 14.4퍼센트다. 대학 졸업 후 사회 진출 초년기에 속하는 25~35세 실업률은 9.4퍼센트로 높다.

'월가를 점령하라' 시위에 수많은 젊은이들이 참가한 것도 바로 이처럼 높은 실업률과도 직결돼 있다. 미국의 현재 청년 실업률은 역사적으로 가장 높은 수준이라는 것이 전문가들의 분석이다. 대학을 졸업해도 일자리를 갖기 쉽지 않으니 젊은이들 사이에 반사회적 성향이 강해질 수밖에 없는 것은 당연하다. 더구나 최근에는 동부 명문 아이비리그를 나와도 일자리 찾기가 어렵다. 아이비리그 졸업자가 원하는 고급 일자리조차 줄고 있기 때문인데, 명문대 졸업 실업자는 비단 우리나라만의 문제는 아닌 듯 싶다.

더 큰 문제는 이 같은 실업이 구조화돼 해결의 실마리가 좀체 보이지 않는다는 점이다. 미국의 높은 실업률은 제조업의 공동화 현상과 밀접히 연관돼 있다. 제조업이 신흥국들과의 가격경쟁에서 도태돼 사양길로 접어들고 있는데다, 남아 있는 제조업조차 싼 노동력을 찾아 생산기지를 중국이나 인도로 옮기고 있으니, 미국 내 일자리는 갈수록 줄어들 수밖에 없다. 그나마 미국이 경쟁력을 가진 분야는 금융산업이지만 2008년 금융위기를 초래한 장본인으로 꼽혀 강화된 규제 속에 몸집을 줄여야 하는 상황이다. 이래저래 미국의 고용 상황은 구조적으로 나아질 가능성이 보이지 않는다.

정치권 일각에선 미국이 일자리 문제를 해결하기 위해 제조업을 다시 일으켜야 한다는 주장도 나온다. 이미 고비용이 고착화된 상황에서 과연 가능한 일일까?

오바마의 공수표

국제관계학과 정치학 분야 대학원에서 톱을 달리는 곳 중의 하나가 존스홉킨스 국제관계대학원(SAIS)이다. 이곳 강의실에서 만났던 저스틴이라는 학생은 스탠포드를 졸업한 전형적인 수재였다. 얼마 전 학교에서 우연히 다시 만났는데 아직 제대로 된 일자리를 못 구해 걱정이 태산이었다. 임시로 있는 국제전략문제연구소 보조연구원 자리도 얼마 안 있으면 계약기간이 끝이란다. 국무부 인턴 자리를 알아보고 있는 중이지만 무보수라도 받아만 주면 감지덕지다.

"워싱턴DC는 그나마 금융위기에 타격을 덜 받아 행정부나 싱크탱크, 컨설팅회사, 대학 등에 일자리가 남아 있지요. 그런데 지원자가 워낙 많아 명문대를 졸업해도 일자리 얻기가 쉽지 않아요."

경기가 상대적으로 나은 워싱턴DC가 이 정도니 금융위기 타격이 큰 뉴욕 같은 곳은 더욱 심각하다. 동부 아이비리그는 나오기만 하면 취업 걱정이 없고, 특히 명문 MBA를 졸업하면 월가 투자은행으로 직행하는 티켓을 따는 것은 이젠 옛말이 됐다는 게 그의 설명이다. 아니나 다를까 〈뉴욕타임스〉에 비슷한 기사가 실렸다. 고용시장에 혹한기가 지속되면서 제대로 된 일자리를 얻지 못하고 노동시장 진출을 위한 고육지책으로 무보수 인턴에 나서는 대학 졸업생들이 갈수록 늘고 있다는 것이다. 저스틴 같은 사례가 한둘이 아닌 것이다.

2012년 4월 노동부가 발표한 실업률을 보면 현실이 어떤지 충분히 짐작이 가고도 남는다. 4월 전체 실업률은 8.1퍼센트지만 20~24세 청년층 실업률은 13.1퍼센트에 달한다. 우리나라 청년 실업률이 8퍼센트 선인 것에 비해 꽤 높은 수준이다. 대학을 졸업할 나이에 직장을 못 구해 부모 밑에서 의지하며 살아가는 취업 준비생이 하나둘이 아니란 얘기다. 이쯤 되면 미국 정부는 청년 실업대책으로 무엇을 내놓고 있는지 궁금해진다.

사실 청년 실업은 사회적으로도 큰 문제다. 사회에 첫발을 내딛는 나이에 일자리를 못 가지면 개인적으로 받는 상실과 좌절감은 물론 사회적으로도 각종 간접비용을 치러야 한다. 만약 한국에서 청년 실업률이 두 자릿수로 뛰었다면 어떤 일이 벌어질까. 정부는 당장 초비상이 걸려 청와대 직속으로 비상대책회의를 만들어 각종 백화점식 대책을 쏟아낼 것이다. 한국 정부는 8퍼센트 청년 실업률을 갖고도 온갖 대책을 내놓고 있다. 매년 말 발표하는 이듬해 경제정책 방향을 보면 청년 실업대책이 주요 테마로 분류돼 있을 정도다. 특히나 선거 정국이 다가오면 청년 실업대책은 최우선 순위다. 20~30대의 수백만 표와 직결되는 문제이기 때문이다. 당연히 과천의 경제부처 공무원들은 머리를 싸매고 청년 취업률을 높일 각종 대책을 짜내고 있을 것이다.

과연 미국 정부는 청년 실업에 어떻게 대처하고 있을까. 역대 정부의 실업대책을 뒤져봤지만 일자리를 늘리기 위해 제조업을 다시 부흥시켜야 한다거나, 해외에서 국내로 유턴한 기업에 세제혜택을 준다는 식의 원론 정책 말고는 별다른 대책은 눈 씻고도 찾아볼 수 없었다. 미국이란 나라가 연령차별이 없고, 직업시장에서도 20대나 60대나 똑같이 일자리를 놓고 경쟁하는 나라인 만큼 20대 취업률을 높이기 위한 대책이란 게 나올 수 없는 것이다. 만약 20대 취업률을 높이기 위한 대책을 내놓는다면 60대 노인단체에서는 연령차별이라며 들고 일어날 것이 빤하기 때문이다.

하지만 미국도 역시 선거철인 모양이다. 한국처럼 미국도 2012년 대선에서 20~30대 젊은 표가 중요하다는 분석 때문인지 재선을 노리는 오바마가 지역 커뮤니티칼리지를 방문해 "저소득 청년층에게 일자리 11만 개와 인턴십 18만 개를 추가 공급하겠다"고 공수표를 날렸다. 그야말로 속이 훤히 보이는 공약이다. 11만 개의 일자리를 만들려면 기업들에게 대학 졸업자를 맡으라고 강제로 떠밀어야 한다. 자유를 그토록 소중히 여기는 미국에서 도저히 가능하지 않은 일이다. 역시 미국도 선거철에는 어쩔 수 없는 모양이다.

가격의 미스터리

물건이나 서비스에 붙는 가격을 보면 미국이 정말로 '시장경제의 첨단을 걷는 사회'임을 실감한다. 같은 제품이나 서비스라도 가격은 그야말로 천차만별이다. 어찌나 가격이 다양한지 물건 사기가 쉽지 않다. 같은 가격이면 별 고민없이 구입할 터이지만 그렇지 않으니 선택하기가 여간 고통이 아니다.

골프장갑을 사려고 아마존 사이트에 들어갔다. 똑같은 브랜드에 제품 규격도 같은데 개당 5달러에서 30달러까지 차이가 났다. 한마디로 신기했다. 도대체 무슨 차이가 있기에 같은 제품의 가격이 이리도 다르단 말인가? 일일이 클릭해서 꼼꼼히 살펴봤는데도 여간해선 차이가 없었다. 추정컨대 아마도 반품된 물건들은 상대적으로 싸게 파는 것 같았다. 그렇다고 '반품

제품'이란 표시가 없으니 도대체 정체를 알 길이 없다.

이래저래 검색하다보니 1시간이 훌쩍 지났다. 장갑 하나 구입하려고 1시간을 허비하다니! 스스로 한심한 생각이 들어 아무거나 구입하자고 맘먹고 클릭하려는 순간 '싼 것을 구입했다가 제대로 배달이 안 되면 어쩌지?' '혹시 장갑에 하자가 있는 건 아닐까?' 등등의 의구심이 따라붙으면서 결국 구입을 포기했다.

두 번째 사례를 보자. 미국은 워낙 땅덩어리가 넓어 자동차로 장거리 여행이라도 한번 하면 차 계기판에 엔진오일등이 깜빡거린다. 자동차를 구입한 딜러점의 정비소로 전화를 걸어 비용을 물었다.

"엔진오일 교환하는 데 얼마죠?"

"언제 올 건대요?"

"날짜는 확실히 말하기 어렵고 일단 비용을 알아보고 싶어서 전화했어요."

그러자 이렇게 대답하는 것이었다.

"비용은 요일과 시간대마다 다릅니다."

이런 대답을 들으면 한국인은 누구나 의아해할 것이다. 나역시 마찬가지였다. 질문과 답변이 몇 차례 오간 끝에 가격정책이 납득이 갔다. 평일에 오면 가격이 싸고, 그중에서도 사람들이 덜 몰리는 밤 시간대에 오면 더 싼 것이다. 평일 중에서도 금요일은 더 비싸고 주말은 가장 비싸다. 요약하면, 사람들이 많이 찾는 시간에는 비싼 가격을 물리고, 덜 찾을 때는 할인해 주는 것이었다. 경제의 기본인 수요와 공급 논리가 적용된 셈이다. 가장 싼 시간대는 가격이 29달러인데 비해 가장 비쌀 때는 45달러였다. 당연히 평일 저녁시간으로 예약한 후 29달러에 오일을 교환했다.

책을 구입할 때도 마찬가지다. 아마존에 들어가보면 다양한 가격정책이 신기할 정도다. 우선 아마존은 아주 신간이 아니면 대부분 직접 판매하지 않고 여러 서점을 경쟁시키는 방식으로 책을 판다. 그러다보니 같은 새 책이라도 판매상에 따라 가격이 다 다르다. 중고책도 마찬가지인데 이해할 수 없는 점은 때때로 중고책 가격이 새 책보다 높은 경우도 있다는 것이다. 한 가지 흥미로운 점은 책을 구입하면 판매 서점에 대한 평가를 하도록 한다는 점이다. 아마도 배달 서비스가 엉망이어서 평가가 나쁜 서점들은 탈락시키려는 의도로 보이는데, 이는 서점에 대한 상당한 구속력으로 작용해 결과적으로 아마존의 서비스 품질을 유지시키는 비결이 아닐까 싶다.

가격 차별화의 진수는 대중교통이다. 워싱턴DC에서 뉴욕을 오갈 때 대중교통으로는 열차(암트렉)와 버스가 가능하다. 같은 암트렉이라도 시간대별로 요금에 차이가 난다. 물론 이 점에선 한국의 열차서비스(KTX)도 비슷하다. 하지만 버스요금을 보면 그야말로 요지경이다. 예컨대 워싱턴DC 중앙역에서 출발하는 메가버스는 얼마나 미리 앞당겨 표를 끊느냐, 타는 시간대가 어느 때냐에 따라 천차만별이다. 보통은 편도 30달러지만 일주일 전에 끊으면 10달러에 구입할 수 있다. 심지어 운이 좋으면 DC에서 뉴욕을 단 1달러에 가는 행운을 잡기도 한다.

| 제4장 |

아메리칸 드림은 없다

뿌리깊은 시장 만능주의

미국은 알면 알수록 재밌는 나라다. 자본주의 종주국이면서 부를 가장 많이 축적한 나라라는 이미지와는 걸맞지 않게 어떤 측면에서는 그야말로 후진적인 양면성을 갖고 있다. 복지가 대표적이며 그중에서도 특히 의료시스템이 낙후돼 있다.

복지 의료에 관한 한 미국은 통계상으로 선진국 중 꼴찌다. 우선 미국은 전 국민의 의료보장이 없는 유일한 선진국이다. 전 인구의 18퍼센트에 해당하는 4700만 명이 의료보장 혜택을 못 받아 아파도 병원에 갈 수 없다. 의료비, 약값이 세계에서 가장 비싸기 때문에 자기 부담으로는 도저히 감내할 수 없다.

그럼에도 의료비 부담은 국내총생산(GDP)의 17.6퍼센트로 OECD 국가 중 가장 높은 수준에 속한다. 실제 미국의 평균 소득군에 속하는 샐러리맨(4인가족의 가장)의 경우 한 달에 월급에서 떼가는 의료보험료는 1000달러 정도다. 월 20만원 정도를 부담하는 한국 샐러리맨에 비하면 무려 5배나 많다. 이처럼 부담률이 높은 데도 의료재정은 매년 펑크가 나 눈덩이처럼 불어나는 정부 재정적자의 원흉이 되고 있다.

국민들의 평균 건강 수준도 후진국이나 다름없다. 기대수명은 OECD에서 꼴찌 수준이며, 영아사망률은 상위에 속한다. 총 GDP 세계 1위, 1인당 GDP 세계 9위의 선진국이라 보기엔 도저히 납득이 안 가는 수치들이다.

이론으로는 국가가 부를 많이 축적할수록 분배가 잘돼야 하는 게 맞지만 적어도 미국 자본주의에서는 통하지 않는다. 빈부격차가 선진국 중 최고 수준인 것은 새로운 사실이 아니지만 그중에서도 특히 의료의 빈부격차는 그야말로 하늘과 땅 차이다. 폴 크루그먼은 "이런 나라에 일찍이 사회주의가 들어서지 않는 것이 이상할 정도"라고 했다.

물론 미국이라고 이런 문제를 스스로 모를 리 없다. 그래서 과거 100년 동안 후진 의료시스템을 뜯어고치려는 시도가 수차례 있어왔다. 특히 민주당이 정권을 잡았을 때마다 이런 시도는 있어왔다. 멀게는 1940년 트루먼 시절에도 보편적 의료를 도입하려는 시도가 있었고, 가깝게는 클린턴 정부를 비롯해 현

오바마 정부에서도 그런 시도가 현재진행형이다.

특히 오바마 정부는 선거 당시부터 최대 개혁과제로 의료개혁(오바마케어)을 꼽고 의욕적으로 추진해왔다. 물론 반대 또한 만만치 않아 당초 밑그림의 100퍼센트가 현실화되진 못했지만 최소한 전 국민의 95퍼센트 이상은 의료보험 혜택을 받게 하려는 의료개혁법안(차선책)이 의회에서 통과돼 2014년부터 단계적 시행을 앞두고 있다.

하지만 100년 동안 단단하게 다져진 돌을 한번에 깨뜨릴 수는 없다. 이 법안은 의회 통과라는 고비를 넘자마자 또 다른 중대한 벽에 부딪쳤다. 플로리다 등 26개 주정부가 제기한 의료개혁법안 위헌소송이 닥친 것이다. 연방대법원의 위헌소송 심리는 2012년 4월 중순부터 시작됐다. 주요 언론들도 이에 관한 소식이 나올 때마다 주요 뉴스로 내보낸다. 만약 소송에서 위헌판결이 나면 법안 자체는 완전 무효화돼 오바마의 의료개혁은 없었던 일이 되고 만다.

위헌소송의 핵심 쟁점은 '개인 선택의 자유' 침해 여부다. 의료개혁법안은 80퍼센트대인 건강보험 가입률을 95퍼센트 이상으로 끌어올려 사실상 전국민이 수혜를 받도록 하자는 것이 골자다. 이를 위한 수단으로 개인과 기업의 의료보험 가입을 의무화하고, 위반하면 벌금을 물리겠다는 것인데, 이것이 헌법에

보장된 개인의 선택의 자유를 침해한다는 것이다.

다시 말해, 건강한 개인의 경우 굳이 의료보험에 가입하지 않을 권리가 있는데, 왜 정부가 나서 감놔라 배놔라 하느냐는 것이다. 이는 기본적으로 시장이 알아서 하면 될 일을 정부가 개입하는 것은 잘못이라는 미국 자본주의의 뿌리 깊은 '시장 만능주의'가 배후에 자리 잡고 있다. 급진적 시장주의로 불리는 '자유방임주의'는 80년 이상 보수주의의 근간을 형성해온 중심축이기도 하다. 의료개혁법안 위헌소송을 제기한 26개 주가 모두보수 공화당이 주지사를 장악한 곳이다. 결코 우연이 아니다.

하지만 미 대법원은 2012년 6월 말 예상을 뒤엎고 개인의 의무가입 조항에 대해 '합헌' 판결을 내렸다. 오바마케어를 예정대로 밀어부칠 수 있게 된 것이다. 물론 게임은 끝나지 않았다. 하원 다수당인 공화당은 의회에서 의보개혁법 폐기를 추진할 예정이다.

'복지 선진국＝보편적 복지'라는 측면에서 보면 미국은 전형적인 복지 후진국이다. 그 이유를 역사적으로 추적하면 결국 뿌리 깊은 시장 만능주의에서 비롯된다. 일찍이 '시장의 실패'를 인정하고 정부가 개입해 부를 재분배해야 한다는 유럽식 사회주의가 지금의 유럽 국가들을 복지 선진국으로 만든 것과 극명히 대비되는 대목이다.

한 가지 더 첨언하자면, 공화당이 의료개혁에 반대하는 명분은 '시장에 대한 정부의 지나친 간섭'이지만 따지고 보면 지지기반인 부자들의 이해를 대변할 수밖에 없는 의무감 때문이다. 그럼 왜 부자들은 오바마의 의료개혁에 반대할까? 이유는 간단하다. 의료개혁을 통해 보편적 의료를 실현하려면 재원이 필요하며 이는 부자들에 대한 증세로 충당할 수밖에 없다. 실제 의료개혁법안에는 고소득자에 대한 세금 인상 내용이 포함돼 있다. 결국 부자들 입장에선 "가난한 사람들의 의료보장을 위해 왜 내가 돈을 내야 하느냐?"는 불만이 큰 것이다.

이렇게 따지면 의료개혁을 둘러싼 싸움은 일종의 가진 자와 못가진 자들 간의 계급투쟁이나 다름없다.

무늬만 다인종 사회

'용광로(melting pot)'는 흔히 미국의 다인종 사회를 표현할 때 쓰는 말이다. 이 표현에는 긍정적 의미가 강하다. 다인종들이 서로 화학적으로 결합돼 오늘날 미국을 세계 최대 강대국으로 만들었다는 것이다. 하지만 다인종은 예기치 못한 다양한 부작용을 낳는다. 미국의 복지가 후진성을 벗어나지 못하는 것도 따지고 보면 인종문제가 원인으로 자리 잡고 있다.

인종문제가 나왔으니, 잠깐 다른 이야기를 해보자. 미국은 인종문제에 관한 한 겉과 속이 무척 다른 나라다. 알다시피 미국의 주류는 앵글로색슨(WASP)계를 중심으로 대부분 유럽에서 넘어온 백인종이다. 이들은 겉으로는 다른 인종들에 무척 관대한 척한다. 하지만 돌아서면 욕하고 무시하는 게 이들이다. 물론 백인들 대다수가 그런 것은 아니다.

일부 백인들(특히 극우 보수의 경우)의 타 인종에 대한 태도는 적대적이기까지 하다. 자기들이 일군 땅에(실은 자기네들 역시 이민자로 토착 인디언을 몰아내고 주인 행세를 하고 있지만) 못사는 유색인종들이 들어와 자기네 몫을 빼앗아먹고 있다는 게 머릿속에 들어 있는 기본 사고다. 때문에 마이너리티들에게 혜택이 돌아가는 그 어떤 정책도 단연코 반대한다. 설사 자기네들에게 이익이 되는 것이라 해도 마이너리티에게까지 이익이 돌아가면 자기 이익을 포기하면서 반대할 정도다.

미국의 복지가 오랫동안 꼬일 대로 꼬여 실타래를 풀지 못하는 이유 중 하나도 바로 타 인종에 대한 백인들의 적대적 사고 때문이다. 그 역사적 배경을 살펴보자. 미국에도 유럽형 보편적 복지가 등장할 기회는 여러 번 있었다. 1940년 트루먼 시기에 복지를 전 국민 대상으로 넓히려는 시도가 있었다. 그러나 그 노력이 수포로 돌아간 가장 큰 이유는 백인들의 반대 때문이었다. 심지어 남부에 사는 가난한 백인들조차 두 손 들고 반대했다. 보편적 복지가 도입되면 가난한 자신에게도 큰 혜택이 돌아옴에도 불구하고 도입할 경우 자신보다 더 가난한 소수 인종들에 더 많은 혜택이 돌아갈 것이란 두려움 때문이었다.

여기서 잠깐 또 다른 이야기를 하자면, 남부 백인들은 전통적으로 민주당 성향이 강했다. 일반적으로 못사는 동네일수록 세상이 뒤바뀌길 바라기 때문에 개혁을 표방하는 민주당 성향과 맞아떨어진다. 하지만 1960년대 이후 텍사스, 플로리다 등 남부 백인들은 급속히 지지 정당을 민주당에서 공화당으로 바꾸었다. 이른바 사상 전향이다. 그 기저에는 역시 인종문제가 자리하고 있다. 소수 인종에 상대적으로 관대한 민주당을 등지고 보수 공화당을 선택한 것이다. 실제 미국에서 소득이 낮은 하층민은 대부분 인종상으로 마이너리티들이다. 의료 혜택의 사각지대에 놓인 4700만 명 중 상당수가 불법 이민자거나 아메리칸드림을 꿈꾸며 건너왔지만 높은 인종 장벽에 부딪쳐 정착에 실패한 사람들이다.

폴 크루그먼은 그의 책 《폴 크루그먼, 새로운 미래를 말하다 The Conscience of Liberal》에서 인종문제가 미국의 복지 부재를 설명하는 가장 설득력 있는 요소라며 이렇게 진단했다. "미국 내

인종문제가 남아 있는 한 어떤 소득재분배 수단도 백인 메조리티(majority)의 동의를 받아내기 어려울 것이다."

다시 말해 소득재분배는 마이너리티 인종에 대한 혜택이라는 인식이 사라지지 않는 한 의료개혁의 꿈은 요원하다는 것이다.

정부는 뒷짐, 기업이 책임져!

제너럴모터스(GM)가 판매하는 자동차 1대 가격에 의료보험 부담비용이 얼마나 포함돼 있을까? 자동차에 웬 의료보험 부담비용이냐고 묻는 사람이 있을지 모르지만 기업이 만든 제품가격에는 당연히 제반 비용이 모두 반영되는 만큼 기업이 종업원을 위해 분담하는 의료보험 비용 또한 가격에 상당 부분 전가된다.

이 질문에 대한 답은 1525달러다. 만약 GM 자동차 중 중간 가격대인 시보레 신형을 2만2000달러에 산다면 7퍼센트는 소비자와는 무관한 의료보험 부담이 포함됐다는 이야기다. 다시 말해 소비자가 GM 차 1대를 살 때마다 GM이 종업원들에게 보조해주는 의료보험액 중 1525달러를 소비자가 대신 물어준다는 뜻이다. 소비자들로선 억울하기 짝이 없다. 억울한 소비자들이 GM 불매운동에 나선 것은 아니지만 GM의 자동차 판매는 미국 내에서도 과거 전성기에 비하면 곤두박질 수준이다. 고속도로를 달리는 자동차의 절반 이상이 도요타, 혼다 차들이다.

100년 역사를 가진 GM이 2008년 금융위기와 함께 파산을 선언한 것도 막대한 의료비용 부담이 큰 이유였다는 것은 익히 알려진 사실이다. 낡은 의료시스템으로 인해 미국 기업들이 치러야 하는 부담은 엄청나다. 거꾸로 말하면, 미국의 의료시스템이 매우 후진적임에도 불구하고 지금까지 그럭저럭 버텨온 이유는 바로 기업들 덕분이란 분석도 있다. 미국 기업들의 복지 부담이 어느 정도인지, 한 가지 사례를 살펴보자.

금융위기 이후 거의 '원흉' 취급을 받았던 모기지회사인 페니메이(Fanniemae)에서 은퇴한 재미교포를 만났다. 금융위기 전만 해도 페니메이는 고액 연봉이 보장돼 월가 투자은행 만큼이나 선망의 직장이었다. 그는 페니메이에서 20년 이상 일하면서 수석 매니저까지 올랐으나 2011년 구조조정 여파로 50대 중반 나이에 해고됐다. 하지만 그는 10년만 기다리면 사는 데 전혀 걱정이 없다고 했다. 그동안 페니메이에서 자신에게 연금과 의료보험으로 적금 넣듯 부어준 돈 덕분에 연금 수령 연령이자 메디케어 대상 연령인 65세가 되면 연간 10만 달러에 달하는 돈이 나오기 때문이다. 그것도 죽을 때까지.

중간 소득계층(3분위 소득계층)의 평균소득이 5만2000달러 정도이니 10만 달러는 상위 15퍼센트 안에 드는 액수다. 65세 이후부터는 일을 전혀 하지 않고서도 상류층에 준하는 생활을 계속 유지할 수 있다는 이야기다. 그가 페니메이에 다닐 때만 해도, 가령 의료보험의 경우 회사측에서 80퍼센트를 대주었다. 종업원의 의료보험료 중 회사 분담 비율은 회사마다 천차만별이지만 대기업은 대부분 회사에서 보조해준다고 보면 된다. 정확히 50:50의 비율로 분담하는 우리나라보다는 개인 부담이 훨씬 적다. 때문에 미국 의료보험 전체 지출에서 정부 보조와 개인 지출을 제외한 순수 민간기업 부담액은 평균 60퍼센트에 달한다. 이는 선진국에서도 가장 높은 수준이다.

한마디로 정부는 뒷짐 지고 기업들에게 책임을 떠넘긴 것이나 다름없다. 기업 부담이 높은 데는 역사적 배경이 있다. 2차 대전 후 미국 기업들은 우수 근로자를 고용하기 위한 수단으로 임금을 올리는 것이 금지되었다. 이 까닭에 기업들은 건강보험 혜택을 늘리는 식으로 우수 인력 채용에 경쟁적으로 나섰다. 건강보험 혜택은 사실상의 임금인상 효과를 낸다. 더구나 건강보험 비용은 소득세(법인세) 산정 대상에서 제외됐기 때문에 기업 입장에서는 이래저래 이점이 많았다.

하지만 민간기업에 의존하는 의료시스템은 이제 더 이상 버티기 힘든 상태가 됐다. 미국의 산업이 갈수록 경쟁력을 잃고

퇴화하고 있는데다, 고용 사정마저 악화되고 있기 때문이다. 2001년까지만 해도 국민의 65퍼센트가 기업으로부터 건강보험 보장을 받았지만 2006년에 60퍼센트 밑으로 내려갔고, 지금은 50퍼센트 초반까지 내려온 것으로 추정된다.

오바마 정부의 의료개혁에 미국 기업들이 찬성 입장을 표하는 것도 그동안 자신들이 과도하게 짊어진 부담을 벗어던지고 싶은 욕구 때문이다. 물론 보편적 복지를 위한 의료개혁이 시행되면 그동안 의료보험 보장에 소홀했던 소규모 기업들은 부담이 늘어난다. 그럼에도 불구하고 오바마의 의료개혁이 성공한다면 그동안 뒷짐만 지고 있던 정부가 나서 공공의료를 대폭 확대하는 만큼 전체적으로 기업 부담은 상당히 줄어들 것이라는 게 일반적 관측이다.

물론 공공의료가 확대되면 정부 지출이 늘고 이에 따른 재원이 필요하다. 오바마 정부가 생각하는 재원은 크게 두 가지다. 첫째는 부자 증세다. 고급 의료 혜택을 누리는 부자들로부터 세금(사회보장세)을 더 걷겠다는 것이다. 둘째는 그동안 불합리한 의료시스템으로 가장 큰 이득을 본 보험회사와 제약사, 병원들의 이익을 줄이겠다는 것이다. 의료수가나 약가 인하가 대표적 수단이다.

하지만 오바마케어가 과연 성공적으로 시행될지는 의문이다. 당장 시행 시점부터 너무 멀다. 의회에서 어렵게 통과된 법안은 2014년부터 본격 시행될 예정인데 그 사이 정권이라도 바뀌면 사실상 도로아미타불 신세가 될 수 있다. 또 아직 이 법안에 불만이 많은 헬스케어 관련 거대 산업(보험회사, 병원, 제약사 등)의 반대 또한 언제든지 조직적으로 일어날 수 있다.

결국, 로비가 다 망쳤다

65세 나이는 미국에서 특별한 의미를 갖는다. 연금이 나오기 시작하는 연령이기도 하지만(이는 어느 나라나 대부분 마찬가지다), 이보다 더 큰 것은 정부의 의료보험 보조 혜택이 주어지는 나이이기도 하기 때문이다. 이른바 '메디케어(Medicare)'다. 65세가 넘는 시점부터는 일반적인 진단 및 치료는 병원비를 본인이 내지 않아도 정부 보조로 해결할 수 있다. 메디케어는 미국이 그나마 다른 나라에 비해 상대적으로 나은 시스템을 갖고 있는 유일한 공적 사회보장이다. 물론 이것이 천문학적 재정적자의 주요인 중 하나이긴 하지만.

노인들에겐 질병이 가장 큰 걱정꺼리인 만큼 정부가 나서 이 문제를 해결해준다는 것은 당사자들에게는 큰 혜택이 아닐 수 없다. 때문에 미국에서는 65세를 'magic age'라 부른다. 만약 다니던 직장에서 일찍 은퇴하거나 비자발적으로 해고된 사람은, 65세가 되기 전에는 절대로 아프면 안 되는 것이다.

그러나 메디케어는 모든 노인들을 대상으로 하지는 않는다. 과거 자영업자든, 전문직종이든, 샐러리맨이든 사회보장세를 최소 10년 이상 낸 사람들이 대상이다. 사회보장세는 소득세의 부가세로 매겨지는 것이기 때문에 소득세를 낸 사람은 모두 해당된다. 2010년 기준으로 4800만 명의 노인들이 메디케어 대상이다. 또 메디케어 대상이 되더라도 모든 질병에 대해 정부가 지원하는 것은 아니다. 외래가 아닌 일반적인 입원 진료나 요양시설 이용(100일까지) 등은 100퍼센트 정부 지원이지만 나머지는 정부와 본인이 48:52 정도로 분담한다.

미국인들이 65세를 'magic age'라 표현할 만큼 의료혜택을 반기는 것은 뒤집어보면 그만큼 민간 의료비와 약값이 터무니없이 비싸다는 방증이 된다. 미국 병원 이용료는 한국에 비하면 '악!' 소리가 절로 나올 만큼 비싸다. 감기에 걸려 병원에서 엑스레이라도 찍게 되면 이런저런 진단비를 포함해 200달러를 훌쩍 넘는다. 한국에서라면 1만원 미만이면 해결되는데도 말이다. 약값 또한 한국과 비교할 수조차 없다. 병원진단서가 필요한 조제약의 경우는 더욱 그렇지만 편의점에서 그냥 구입할 수 있는 감기약 등 일반의약품(OTC)도 최소한 한국보다 2~3배 비싸다.

약값이 너무 비싸다는 것은 미국인들에게도 큰 불만이다. MSNBC의 에드쇼(The Ed Show) 진행자인 에드 슐츠(Ed Schultz)가 쓴 《살인자의 정치Killer Politics》는 한 장(章)에 걸쳐 이 문제를 신랄하게 꼬집었다. 그는 헬스케어가 낙후된 대표적 사례로 비싼 약값을 들면서 미국 약값 수준은 선진 어떤 나라와 비교해도 터무니없이 비싸다고 지적했다. 때문에 가난한 사람들은 약도 제대로 복용할 수 없는 나라가 바로 미국이라는 것이다. 그렇다면 약값이 왜 이리 비쌀까. 슐츠는 그 이유에 대해 "다른 나라에서는 제약사가 부담하는 비용까지 모두 소비자 가격에 반영하는 미국 거대 제약사들의 횡포 때문"이라고 지적했다.

보험회사들의 영업 행태 또한 악명 높기로 유명하다. 소득이 적어 보험료를 꼬박꼬박 내기 어렵다고 판단되는 개인들에게는 아예 보험 가입을 안 시켜주는 것은 기본이다. 심지어 보험 가입 후 큰 질병에 걸리면 무슨 수를 써서라도 보험을 강제 해지하는 경우도 있다. 오죽하면 오바마가 의료개혁 관련 연설을 할 때마다 "보험사가 차별적이고 약탈적으로 소비자를 괴롭힌다"는 표현을 썼을까.

터무니없이 높은 의료수가와 약값, 약탈적인 보험사들의 횡포…이런 문제들이 복합적으로 어우러져 오늘날 미국을 복지 후진국으로 만들었다 해도 지나친 말은 아니다. 그렇다면 세계 최고 선진국이자 자유민주주의 종주국이라는 미국에서 어떻게 이런 불합리한 일들이 벌어질 수 있을까?

결론부터 말하자면, 바로 로비의 힘에 있다. 미국 정치는 사실상 로비에 의해 움직인다. 가장 힘센 로비단체 중 하나도 헬스케어 관련 산업이다. 산업 규모가 큰 만큼 이익을 최대한 많이 누리기 위해 의회나 행정부 대상으로 엄청난 자금을 쏟아부으면서 로비를 하고, 그 결과 지난 100년 동안 수차례 시도된 의료개혁을 번번이 물거품으로 만든 것이다.

이런 사실을 감안하면 오바마 행정부가 의료개혁법안에서 의료수가와 약가를 큰 폭으로 낮추기로 한 것은 상당히 놀라운 일이다. 하지만 일각에선 2010년 초 의료개혁법안이 의회에서 통과될 때 관련 산업 대표들을 불러 비공개 밀실에서 협상을 벌여 통과시킨 만큼 뭔가 내부적으로 '주고받기'가 있었을 것이라는 의혹도 제기되고 있다.

땅에 떨어진 공교육

오바마 대통령이 교육문제에 대해 연설할 때마다 단골로 등장시키는 소재가 바로 한국과의 비교다. 세어보니 취임 후 총 다

섯 번의 연설과 두 번의 비공식 자리에서 한국의 교육을 칭찬했다. 요지인즉 "한국은 교육 열정이 일으켜 세운 나라"이며 "교사가 존경받고, 미국 학생보다 공부하는 시간도 월등히 많은 한국의 교육을 본받자"라는 것이다.

이 말을 들을 때마다 한국 사람들은 다들 의아해할 것이다. 한국 교육의 문제점을 남들만큼 아는 나도 '오바마가 한국의 교육 현실을 제대로 알고나 하는 이야기일까?'라는 의문이 들었다. 큰아이가 한국에서 유치원을 마치고 초등학교에 입학한 지 얼마 안 됐을 때다. 하루는 집에 와서 투덜거렸다. "아빠, 학교가 너무 재미없어." 유치원 시절에는 다채로운 과정을 배우면서 무척 흥미 있어 했던 아이가 왜 그럴까? 궁금했는데 선생님이 맨날 학생들에게 청소만 시키고, 자습하라며 배우는 것도 별로 없다는 것이었다. 한마디로 학교가 너무 따분하고 지루하다는 이야기였다.

아내에게 들으니 같은 반 아이들도 비슷하다는 반응이란다. 학부모모임에 갔더니 이구동성으로 그런 말을 했다는 것이었다. 나중에 알게 된 사실인데 담임선생님은 정년을 몇 년 앞둔 예순이 넘은 분이었다. 내가 그 선생님 입장이라도 교육 열정이 얼마나 생길까 싶었다.

그러던 아이가 1학년 1학기를 마치고 아빠를 따라 미국으로 건너와 똑같은 1학년 과정에 입학했다. 영어를 꽤 배운 채 떠났기 때문에 수업 적응은 별 걱정이 아니었지만 다른 교육 환경에 잘 적응할지 걱정이 컸다. 하지만 아이의 반응은 한국에서와 180도 달랐다. 한마디로 학교가 너무 재밌다는 것이다. 이는 유치원 과정에 입학한 둘째 아이도 비슷했다. 뭐가 그리 재미있다는 것일까?

미국은 학부모가 학교에 가야 할 일이 매우 잦다. 우리는 학교를 몇 번 방문한 뒤 그 이유를 알았다. 한번은 1월 초 새학기를 맞아 큰아이 반에서 열린 가족 참여 파티에 참석했다. 그때 교실 구석구석을 유심히 살펴봤다. 일단 미국 초등학교 교실은 한국과 많이 다르다. 아이들로 들끓는 집처럼 교실 안이 정신이 없다. 책상 위는 물론 곳곳에 널린 수많은 책들, 벽에 덕지덕지 붙은 그림들, 여기저기 놓인 미술작품들이 가득했다. 책상 배치도 바둑판처럼 정돈된 한국 교실과는 사뭇 다르다. 또 한국 같으면 항상 깨끗이 지워져 있어야 하는 칠판에는 갖가지 그림과 아이들 관련 정보(가령 아이들 생일, 별명 등등)가 써진 스티커가 덕지덕지 붙어 있다.

세면대와 화장실도 교실 안에 있다. 교실 뒤쪽에는 컴퓨터룸도 있어 쉬는 시간에 자유롭게 이용할 수 있다. 첫 인상은 '교실이 왜 이리 지저분하지?'였지만 꼼꼼히 들여다본 후 완전히 달라졌다. 아이 한명 한명에 대한 애정이 교실 가득 묻어나는 것이었다. 내가 정신없는 표정을 짓자 담임선생님도 웃으면서 "아이들이 교실을 집처럼 편하게 느끼면서 하루를 보낼 수 있도록 하기 위해 일부러 그런 것"이라고 설명했다.

학생들의 자리 배치도 분단 형태로 나눠 서로 마주보게 앉는다. 분단 멤버는 2주일 단위로 바뀐다. 수업시간에 과제를 진행할 때도 분단 단위로 이뤄진다. '나와 짝꿍'이라는 두 사람의 관계보다는 여러 사람들과의 팀워크를 어려서부터 자연스레 배우도록 하는 것이다.

무엇보다 흥미로웠던 것은 하루 일과표였다. 칠판 한쪽에 적힌 일과표를 그대로 옮기자면,

9:15	모닝메시지
9:30	단어공부
9:45	읽기
11:10	쓰기
11:35	점심
12:05	휴식
12:30	수학
1:30	사회
1:55	간식
2:00	특별활동
2:25	청소
2:30	체육
3:00	음악
3:30	동화읽기

한눈에 봐도 과정이 매우 다채롭다는 것을 금방 알 수 있다. 한국에서는 초등학교 1학년 교과 과정이 국어, 수학, 사회탐구, 과학, 체육 정도가 전부인데 미국은 매우 다양한 과정으로 구성돼 있다. 특히 음악과 그림그리기가 거의 매일 이뤄진다. 잔디 운동장에서 뛰어노는 시간도 많다. 그렇다고 기본 공부를 게을리하는 것은 결코 아니다. 무엇보다 읽기와 쓰기를 제대로 시킨다. 내가 느끼기론 한국 초등학교 교육과 가장 큰 차이점이다.

큰아이는 매일 언어와 수학 과제를 갖고 집으로 오는데, 책을 읽고 독후감을 써야 하는 분량이 상당하다. 하루 평균 3권 이상을 가져온다. 학생의 읽기 수준에 따라 각자 다른 책을 교사가 나눠준다. 국어 교과서 한 권으로 때우는 한국과는 격이 다르다. 교실 안에도 아이들이 수시로 책과 가까이 하도록 수많은 책들이 책상 위나 책꽂이에 꽂혀 있다.

읽기 시간에도 학생 수준별로 수업이 이뤄진다. 가령 큰아이의 경우 처음에는 말하는 것이 부족했지만 읽는 수준은 미국 초등학교 1학년 평균보다 앞섰다. 그래서 읽기 시간에는 A분단에 앉아 같은 수준의 6명 아이들과 비교적 두꺼운 책을 읽는다. 같은 학년이라도 한명 한명의 수준에 맞게 일종의 맞춤교육이 이뤄지는 것이다.

안전에 관해서도 지나칠 정도다. 화장실이 교실 안에 있는 것은 학생 혼자 교실 밖을 나가는 일이 없도록 하려는 이유에서다. 불가피한 일로 학생이 교실 밖으로 나가려면 반드시 한 명을 붙여 짝을 이뤄 다녀오도록 한다. 교사의 열정도 대단하다. 몇 번의 면담 과정에서 느꼈지만 큰아이에 대한 교사의 관심과 애정은 결코 부모 못지않았다. 장점과 부족한 점, 또 지금 무엇이 가장 필요한지를 부모보다 더 깊이 이해하고 있었다. 이런 교육환경에서 자라니 아이의 입에서 "학교가 재미있다"는 말이 나올 수밖에.

물론 미국도 지역간 교육 편차가 꽤 심하다. 내 아이가 다녔던 학교는 미국 전역에서도 교육 환경이 좋기로 손꼽히는 지역에 있다. 재정 형편이 좋은 동네인 만큼 교육에 투자를 많이 하기 때문이다. 비슷한 환경인 옆 동네의 워싱턴DC는 다른 이유 때문에 교육 환경이 상당히 처진다. 학교 노동조합의 힘이 워낙 세 학교가 교사평가를 엄정하게 하기 힘든 구조여서 교사들이 상대적으로 게으르다는 것이 하나의 이유다. 실제 DC에 사는 부자들 중 자녀 교육 때문에 버지니아나 메릴랜드로 이사 가는 경우가 꽤 많은데 이유가 교육 때문이라고 한다.

미국 전역을 봐도 낙후된 시설과 부족한 교사 등으로 공교육의 질이 떨어지는 곳이 상당하다. 특히 2008년 금융위기 이후 연방정부뿐 아니라 각 주의 재정상태도 급격히 악화되면서 가장 먼저 예산을 삭감한 분야 중 하나가 교육이고, 그중에서도 교사들을 대거 해고해 상당수 학교들이 교사 부족에 시달리고 있다. 특히 초등학교보다 중고등학교의 공교육이 심각하다. 고등학교의 경우 제때 졸업을 못하거나 낙제하는 비율이 30퍼센트에 달한다. 오바마가 걱정하는 것도 바로 이런 문제가 아닌가 싶다.

그럼에도 불구하고, 교육의 전반적인 시스템과 교육 콘텐츠 측면에서는 한국 교육이 미국 교육을 본받아야 할 점이 매우 많다.

축구코치 자격증 따는 미국 아빠

한국 교육에서 맹위를 떨치는 엄마들의 치맛바람, 미국 학교에는 과연 없을까? 매우 궁금했던 점의 하나였다. 교육 선진국 미국이라 해도 엄마들의 치맛바람이란 게 없지는 않을 터였다. 하지만 그 뿌리가 우리와는 근본부터 다르다.

우리나라도 학교에서 학부모 참여 행사가 많지만 미국은 정말 많다. 학사일정 가운데 공식 수업을 빼고는 나머지가 모두 학부모 중심으로 운영된다. 한국과 가장 큰 차이는 대부분 학부모들이 자발적으로 참여해 운영된다는 점이다. 학교는 공간만 제공할 뿐 전혀 개입하지 않는다. 공교육의 절반이 학부모들에 의해 운영된다. 예컨대 내 아이가 다니던 초등학교는 매년 초 '국제의 밤(International Night)'이라는 행사를 성대하게 연다. 학생들이 각 국가별로 나뉘어 그 나라의 역사와 문화 등을 서로에게 보여주는 행사로 처음부터 끝까지 학부모들이 주도해 진행한다.

우리나라에서도 광범위하게 조직돼 활동하는 보이스카우트, 걸스카우트도 미국은 학부모가 중심이 돼 자발적으로 운영된다. 학교의 역할은 학생 몇 명씩 묶어 팀을 구성해줄 뿐이다. 나머지는 모두 학부모들이 알아서 한다. 내 아이들이 속해 있던 걸스카우트도 매주 한 번씩 모임을 갖는데, 학부모가 리더를 맡아 각종 이벤트를 준비한다. 이번 주는 어느 공원에서 피크닉 행사를 갖고, 다음 주는 체험교육을 위해 동물보호소를 방문하고, 다다음 주에는 박물관 견학을 하고…이런 식이다.

방과후활동 역시 학부모들 차지다. 내 아이들이 가입한 비엔나 유소년 축구팀(Vienna Youth Soccer: VYS)은 비엔나 지역 초등학생들의 방과후 축구활동을 이끄는 곳이다. 매주 평일에 1회씩 학교 운동장에 모여 연습을 하고 주말에는 팀끼리 시합을 갖는다. 이를 위해 사전에 학부모 대상으로 코치 신청을 받는데, 부모들 사이에선 서로 코치를 맡으려고 경쟁이 치열하다. 재밌는 사실은 코치를 하려고 일부러 축구코치 자격증까지 따는 아빠들이 한둘이 아니라는 것이다. 참여 교육과는 한 발 떨어져 팔짱만 끼고 있는 한국 아빠들과 너무나 다른 모습이어서 처음에는 신기하기조차 했다.

작은 아이의 축구팀 코치는 첫 모임을 앞두고 자신을 소개하는 이메일을 팀원 부모들에게 보냈다. 메일에는 코치를 맡게 된 것이 올해 가장 자랑스런 일이며, 서치펌(헤드헌팅 회사)에 매니저로 근무하면서 틈틈이 시간을 내 축구코치 자격증도 취득했다고 자랑을 늘어놓았다. 매주 토요일 축구시합이 열리는 학교 운동장에 가면 넓은 잔디 운동장 전체가 축구시합이나 야구시합을 하는 아이들로 꽉 차 있다. 부모뿐 아니라 할머니 할아버지까지 동원돼 마치 소풍 나온 것처럼 먹을 것을 싸들고 간이의자에 둘러 앉아 응원에 열성이다. 비엔나 지역의 모든 초등학교, 중학교 운동장의 평균적인 주말 모습이기도 하다.

아이들도 주말에 가족단위로 놀러나가는 것보다 자기들끼리 모여 단체게임을 하는 것을 훨씬 더 좋아한다. 내 아이들 역시 시합을 하면서 상대팀과 경쟁하고, 골을 넣었을 때 성취감에 흥분하면서 그동안 느끼지 못한 새로운 감성을 쌓아갔다. 토요

일만 되면 가족 단위로 흩어져 놀러가는 한국의 주말 풍경과는 사뭇 다른 모습이 아닐 수 없다. 이처럼 곳곳에 다양한 체험 공간이 열려 있고 어렸을 때부터 '나보다는 우리'라는 공동체 의식을 키울 수 있는 교육 문화가 부러웠다.

학부모들의 자발적 참여가 일상화돼 있다보니 학교교육의 절반은 학부모가 사실상 책임지고 있다 해도 과언이 아니다. 미 전역에 걸쳐 광범위하게 조직돼 활동하는 학부모참여기구(Parent Teacher Association: PTA)가 중심 역할을 맡는다. 우리나라로 치면 일종의 육성회 같은 단체다. 한국의 육성회는 재정후원 단체에 그치지만 미국은 학교 단위마다 PTA가 구성돼 교육 전반에 걸쳐 깊숙히 개입한다. 학사일정을 결정하는 이사회에도 PTA 대표가 참석한다. 학교 교장보다 PTA 회장이 더 명예로운 자리다.

결국 미국에서 치맛바람은 '자기 자식만을 위한 이기적 관심'이 아니라 교육의 발전과 모든 학생들이 더 나은 교육을 받도록 하기 위한 자발적인 참여였다. 덧붙이자면, 미국에도 촌지란 것이 있다. 크리스마스나 스승의 날(5월 7일) 등에 작은 선물을 한다. 단 금액 기준으로 50달러를 넘는 것은 못 받도록 규정돼 있다. 대부분 초콜릿이나 20~30달러짜리 상품권이 가장 대중적인 선물이다. 간혹 서울 강남에서 유학 온 한국 기러기

엄마들이 고가의 명품을 선물해 교사를 당혹하게 만드는 일이
벌어지기도 한다.

유학 보낼 생각은 꿈에도 하지 마라

한국 대학의 경쟁력은 갈수록 뒤처질 수밖에 없다. 머리 좋은
우수한 학생들이 세칭 SKY대보다는 미국 대학으로 직행하는
사례가 늘어나고 있기 때문이다. 수재들이 진학한다는 민족사
관고나 대원외고, 용인외고 등 소위 유명 특목고, 사립고들은
대부분 유학반을 두고 있다. 상당수가 졸업 전에 또는 졸업과
동시에 아이비리그로 진학한다는 것은 익히 아는 사실이다.

하지만 나는 미국 대학들의 학비를 보고 놀라움을 금치 못했
다. 도대체 한국에서 미국으로 유학 보내는 부모들은 얼마나
부자이기에… 하는 생각이 절로 들었다. 낡고 붕괴된 초중고
공교육과 달리 대학교육만큼은 세계 최고를 자랑하는 게 미국
이다. 대학 수준이 높은 만큼이나 학비도 세계 최고로 비싸다.
1년 학비가 주립, 사립마다 다소 차이는 있지만 대략 4만~5만
달러에 달한다. 내가 다녔던 존스홉킨스 국제관계대학원은 이
것저것 모두 합쳐 1년에 8만 달러가 넘는단다. 이 말을 그곳 학

생에게 전해듣고 매우 놀랐다.

어떻게 이처럼 비싼 학비를 내고 대학에 다니는 걸까? 경제가 나빠져 생활고를 겪고 있다는 부모들도 자녀 대학교육을 위해 집을 팔아서라도 올인하고 있는 것일까? 미국판 우골탑(牛骨塔)이 있을까 궁금했지만 해답은 다른 데 있었다. 우선 미국 대학들은 학생별로 학비에 '차별'이 존재한다. 학비가 상대적으로 싼 주립대학의 경우 그 지역 학생은 거의 무료인 반면 다른 주에서 온 학생은 학비를 전액 내야 한다. 해외 유학생도 마찬가지다. 얼핏 보면 차별 같지만 이유를 들어보면 이해가 간다. 주립대학 재정은 해당 주정부가 걷는 세금에서 충당하는데, 주 재정에 기여하는 사람과 그렇지 않은 사람을 똑같이 대할 수 없다는 것이다. 일견 합리적이라는 생각도 든다.

일반 사립대학의 경우는 소속 주와 그렇지 않은 주 출신 간의 차별이 없는 반면 영주권자와 해외 유학생 간에 차별이 존재한다. 그것도 엄청나다. 우선 영주권자는 각종 장학금을 받을 수 있는 혜택이 주어진다. 장학금은 학점에 따라 주는 '성적장학금'과 학점에 상관없이 주는 '재정지원장학금'이 있다. 두 번째 장학금은 부모 재력에 따른 학비 부담 능력에 따라 주어진다. 부모 소득수준에 따라 학생이 받는 장학금에 차이가 있지만 대부분 그냥 주는 '그랜트(grant)' 개념이다. 여기에다 영주권자는 다양한 학자금 대출 프로그램을 이용할 수 있다. 이런 혜택을 받기 위해 미국 부모들은 자녀를 대학에 입학시키자마자 가장 먼저 하는 것이 학비 플랜을 짜는 것이다. 여기에는 해당 대학도 참여해 공동으로 진행한다.

예컨대, 부모 연소득이 5만 달러인 경우 대략 1/10을 학비에 투자할 수 있다고 간주해, 5000달러를 제외한 나머지 학비에 대해 학교 측에서 여러 가지 플랜을 제시한다. 5000달러는 연방정부가 제공하는 재정지원장학금(갚을 필요 없음), 또 추가 5000달러는 학교 재정에서 지원하는 무료 장학금(역시 갚을 필요 없음), 나머지는 이자가 싼 각종 대출(정부가 운영하는 대출)을 이용하도록 한다. 물론 공짜로 주는 장학금은 제한이 있다. 부모 소득이 연 12만 달러 이상이면 대상에서 제외된다. 물론 대출은 제한없이 받을 수 있다. 만약 학교 측이 제시한 플랜이 마음에 안 들면 재산정을 요구할 수 있다.

이러한 과정을 거쳐 보통 입학년도 8월까지는 학비 플랜이 완성된다. 모든 대학들은 이런 식으로 입학생 개개인 모두에게 맞춤형 학비 플랜을 짜준다. 실로 엄청난 일이 아닐 수 없다. 이런 훌륭한 시스템 덕분에 부모들은 자녀를 대학에 보내고도 큰돈 들이지 않고 졸업시킬 수 있다. 물론 자녀 입장에선 대출 받은 부분에 대해서는 졸업 후 되갚아야 한다. 4년을 마친 졸업생은 평균적으로 10만 달러 정도의 부채를 진다. 하지만 이는 대부분 저리 장기(15년 이상) 상환이기 때문에 그다지 큰 부담은 아니다. 물론 학비가 비싼 의대나 로스쿨, MBA 졸업생들은 대출 상환 부담이 엄청나다. 취업 후 직장에서 해고돼 일시적으로 상환 능력이 사라지면 대출 상환이 자동 유예된다. 한국의 학자금대출제도와 비슷하다.

특히 하버드, 프린스턴, 예일 같은 명문 사립대는 장학금 혜택이 훨씬 더 많다. 성적장학금 비율은 매우 낮은 반면 학교 재정을 기초로 학비보조가 필요한 모든 학생들에게 지원하는 장학금이 많다. 여기에는 이유가 있다. 하버드를 예로 보자. 하버드 학생들 중 학비를 전액 내고 다니는 학생은 거의 없다. 물론 해외에서 유학 온 학생은 예외지만 하버드가 대부분의 학생들에게 학비보조를 하는 것에는 '큰 뜻'이 있기 때문이다. 학생들이 학비 걱정 없이 공부에만 열중해 졸업 후 사회 각 분야에서 반드시 성공한 리더가 되는 것을 가장 원한다. 그것이 장기적으로 대학 재정에 훨씬 도움이 되기 때문이다.

미국은 워낙 기부가 일반화된 나라여서 대학 졸업생도 사회 문턱을 넘어서자마자 학교로부터 기부 전화를 받는다. 명문대일수록 더욱 그렇다. 보통 미국인들은 기부에 아무리 인색하다 해도 모교의 기부 전화는 거절하지 않는다. 모교 사랑은 한국이나 미국이나 매 한가지다. 특히 하버드의 경우 대학 재정의 절반 이상을 졸업생들의 기부로 충당할 정도다. 예컨대 하버드를 졸업해 골드만삭스에 들어가 수석 매니저 자리에 오르거나, 컨설팅회사나 로펌에 들어가 파트너 자리에 오르면 수십만 달러의 연봉을 받는다. 이들이 학교에 내는 기부금만도 대학 4년간 받았던 장학금의 몇 배에 달한다. 하버드 입장에서는 투자 대비 수익률이 탁월한 셈이다.

하지만 지금까지 이야기는 영주권자 내지는 시민권자에게만 해당된다. 해외에서 아메리칸드림을 꿈꾸며 바다를 건너온 유학생들에게는 해당되지 않는다. 이들은 연 수만 달러에 달하는 학비를 고스란히 내야 한다. 출신 국가에서 장학금을 받지 않는 한!

그래서 유학생을 두거나, 앞으로 둘 예정인 부모들은 영주권을 따기 위해 고군분투하는 경우도 있다. 워싱턴DC에 근무했던 A 주재원의 경우 자녀를 잘 공부시킨 덕에 첫째가 버지니아 페어팩스에 있는 명문 토마스제퍼슨고등학교를 졸업하고 스탠포드에 입학했다. 주위에선 축하 인사가 쇄도했지만 즐거움도 잠시였다. 연 5만 5000달러의 학비를 어떻게 마련해야 할지 눈앞이 깜깜했다.

한국의 각종 유학생 장학재단(이건희재단, 박현주재단 등)의 문을 두드렸으나 워낙 경쟁률이 높았다. 결국 마지막 수단으로 선택한 것이 영주권 취득이었다. 투자이민의 경우 비교적 손쉽게 영주권을 얻을 수 있다는 점을 활용해 부인이 영주권을 얻었다. 다행히 첫째는 3학년부터 학비를 거의 안 내면서 다닌다.

결론적으로, 자녀를 유학시킬 정도의 재력이 없고, 그렇다고 자녀 유학을 위해 미국 영주권을 취득하면서까지 비굴하게(?) 살기 싫은 보통사람들은 일찌감치 포기하고 그냥 한국의 대학에 보내는 게 낫다. 한국의 미래 일꾼으로 살아가도록 격려하는 편이 모든 면에서 훨씬 도움이 된다.

선망의 대상, 티제이고등학교

워싱턴DC 일원에서 'TJ'라는 단어를 모르는 사람은 별로 없다. 특히 자녀를 둔 학부모에게는 최고 관심 대상이다. TJ는 토마스제퍼슨고등학교(Thomas Jefferson High School)를 부르는 약칭으로, 미국 전역에서도 손꼽히는 영재 과학고등학교다. 더구나 이 학교는 사립이 아니라 공립학교라는 점 때문에 워싱턴DC와 북버지니아에 사는 부모는 누구나 자녀를 꼭 보내고 싶은 선망의 대상이다.

하지만 나에게는 'TJ' 하면 가장 먼저 떠오르는 게 한국 부모들의 남다른 교육열이다. TJ가 위치한 페어팩스카운티는 공교육 수준으로 최고를 달리는 까닭에 한국에서 조기유학을 목적으로 자녀만 데리고 온 기러기 엄마들이 꽤 많다. 이런 기러기 엄마들의 공통된 꿈은 자녀를 TJ에 입학시키는 것이다. 워싱턴 DC로 파견 나온 주재원들도 자녀가 중학생 이상이면 '무조건' TJ가 있는 지역에 집을 구한다. 무조건 TJ에 보내야 한다는 열망 때문이다.

그런 이유로 재밌는 현상도 벌어진다. 페어팩스에 있는 공립 중학교가 평균적으로 모두 우수한데도 맥클린 지역에 있는 롱펠로우중학교는 유독 한국 부모들에게 인기가 높다. 롱펠로우가 수학과 과학을 집중적으로 가르쳐 TJ에 입학시키기 유리하다는 소문이 돌면서부터다. 이 때문에 맥클린 지역에 한국인들이 몰리면서 집값 상승에 단단히 한몫한다. 맥클린을 중심으로 TJ 입학을 위한 입시학원이 성행한다는 이야기도 들린다.

이런 관점에서 페어팩스를 보면 마치 강남의 교육현장을 그대로 옮겨놓은 것 같은 착각이 들 정도다. 한국 부모들의 열성 때문인지 TJ에서만큼은 갈수록 한국 학생들이 '마이너리티'가 아닌 '메조리티' 인종이 돼가고 있다. 중고등학생 자녀를 둔 주재원이나 기러기 엄마들 중 자녀를 TJ에 입학시켰다는 것은 더 이상 자랑거리가 아닐 정도가 됐다. 실제 〈워싱턴포스트〉마저 이 현상을 기사로 다뤘다. 특정 국가별로 구성비를 나누지 않았지만 아시아 인종의 입학 비율이 갈수록 높아져 2011년에는 2/3가 아시아 학생이었다는 것이다. 반면 백인 비율은 1/4에 불과하다. 5년 전 절반 이상이었던 것에 비하면 엄청난 변화다.

〈워싱턴포스트〉는 "페어팩스 전체 학생 중 아시안 비중은 19퍼센트이고, 백인이 43퍼센트인데, TJ 입학생 비율은 압도적으로 아시아 학생이 많다"며 "이 때문에 일부 백인들은 인종에 따른 할당제를 도입해야 한다는 주장도 펴고 있다"고 전했다. 백인들 입장에선 지역 명문고가 아시아인의 학교로 바뀌는 것에 꽤나 불만스럽고 아니꼬운 생각이 드는 모양이다. 이 때문인지 백인들 중 특히 부유층 부모들은 자녀가 공부를 잘해도 일부러 TJ에 보내지 않는 경우가 있다. 존스홉킨스 국제관계대학원의 한 교수는 페어팩스에 살면서 중학생 아들을 두고 있다. 그는 "티제이는 공부만 하는 아시아 학생을 모아놓은 곳이다. 아이에게 더 큰 꿈을 꾸게 하고 다양한 분야에 장점을 가진 사람으로 키우고 싶다면 티제이는 그리 좋은 곳이 아니다"라고 말했다.

사실 페어팩스의 돈 많은 백인 부모들이 선호하는 학교는 따로 있다. 페어팩스 중심의 비엔나에 있는 명문 사립고등학교

플린트힐(Flint Hill)이 대표적이다. 연간 학비만 3만1000달러로 어지간한 대학 등록금보다 비싸지만 학교 전체가 첨단 시설로 가득 차 있고 심지어 모든 학생들에게 맥북을 나눠준다. 교사들의 자질은 물론 학생들도 평균적으로 우수해 졸업생 상당수가 하버드나 예일, 프린스턴에 진학한다. 플린트힐은 초등학교 과정도 있는데, 1년 학비가 2만7000달러다. 서울의 명문 사립 초등학교 학비가 얼마인지 모르지만 이 정도는 아닐 것이다. 미국 전역에 이런 사립학교들이 넘쳐난다 하니 상류층들은 어릴 때부터 자기들만의 공간에서 일반인들과는 담을 쌓고 자라는 것이 아닐까.

미국 교육을 망치는 주범은?

한국에선 이런 농담이 있다. 서울 강남보다 잘산다는 용산구 동부 이촌동. 서울에 엄청난 부동산을 소유한 한 부자가 하루는 고등학교에 다니는 아들을 데리고 아파트 옥상으로 올라갔다. 아들은 잘난 부모만 믿고 지지리도 공부를 안 해서 꼴등 근처를 맴돈다. 부자 아빠는 아들에게 보라며 주변의 몇 개 빌딩을 손가락으로 가리켰다.

"아들아, 저기 보이는 저 빌딩들이 다 내 거란다. 너는 비록 공부를 못하지만 걱정할 것 없다. 착하게만 커서 나중에 저 빌딩들을 잘 관리해다오."

워낙 재산이 많으니 놀고먹어도 3대가 편하게 살 수 있다는 동부이촌동 진짜 부자 이야기다. 상류층에 속하지만 2세 역시 일류대를 보내기 위해 자식 교육에 올인하는 강남 부자들과 비교해 우스갯소리로 나도는 농담이다.

미국의 중심인 워싱턴DC. 그 안에서도 부자들이 몰려 사는 동네는 따로 있다. 바로 조지타운(George Town)이다. 조지타운 대학이 위치한 이 동네는 전형적인 부촌 주택가다. 조용하고, 깨끗하며, 고풍스러운 주택들이 들어서 있다. 언젠가 한번 지나친 적이 있는데 한눈에 봐도 부자 동네라는 생각이 절로 든다. 주택 가격은 대부분 최소한 백만 달러 이상으로 워싱턴DC 인근에서 알짜 부자들은 모두 이 동네에 산다.

하지만 조지타운은 학군에서는 뒤진다. 워싱턴DC 전역의 공교육 수준이 한참 뒤떨어지는데, 부자 동네인 조지타운도 예외가 아니다. 학군과 부자 동네가 정확히 일치하는 한국에 비하면 다소 의외다. 하지만 2세를 잘 가르치려는 욕심은 미국 부자들도 마찬가지다. 조지타운에 사는 젊은 부자들은 자녀들이 학교에 들어갈 나이가 되면 두 가지 선택을 한다. 하나는 아주 값비싼 사립학교에 보내는 것이고, 다른 하나는 워싱턴DC 인근 학군이 좋은 버지니아 페어팩스나 몽고메리 베데스다로 이사 가는 것이다. 참고로 미국 공교육을 틈만 나면 비판하며 개혁 의지를 밝히는 오바마도 두 딸을 모두 워싱턴DC의 유명 사립학교에 보내고 있다. 이런 이유 때문인지 조지타운에는 어린 자녀를 둔 부모들보다는 이미 장성해 출가시킨 중년 이후 돈 많은 부부들이 많이 산다.

워싱턴DC의 공교육이 뒤떨어진 이유는 무엇일까? 이는 비단 이곳만의 문제가 아니라 교육 여건이 좋은 소수 동네를 제외한 미국 전역에 해당되는 현상이다. 유명 평론가이자 칼럼니스트인 아리아나 허핑턴(Arianna Huffington)에 따르면 교사의 자질 부족이 가장 큰 이유다. 허핑턴은 워싱턴 정가에 영향력 있는 칼럼 신디케이트 〈허핑턴포스트Huffington Post〉의 발행인으로 그리스 출신의 젊은 여성이다. 날카로운 시각으로 워싱턴 정가는 물론 사회문제를 깊숙이 파헤쳐 꽤나 명성이 자자하다. 게다가 미혼에다 미모도 출중한 점이 더 유명세를 타게 만드는 것 아닌가 싶다.

허핑턴은 《제3세계로 전락한 미국Third World Ameica》에서 미국 공교육 붕괴의 가장 큰 이유로 교사의 자질 부족을 꼽았다. 교사의 자질이 떨어진 이유는 우선 철밥통에서 비롯된다. 미국에서 교사라는 직업은 공무원 못지않게 매우 안정적이다. 전문직종과 비교해도 직업을 잃을 위험이 훨씬 낮다. 한 데이터에 따르면 미국 의사는 연간 57명 중 1명꼴로 의사면허를 상실하고, 변호사는 97명 중 1명꼴로 자격증을 잃는다. 하지만 교사는 250명 중 1명꼴로 실직한다.

예컨대 워싱턴DC의 교사가 학교 내 성희롱 등 심각한 문제로 학교 이사회 청문회를 받아야 할 경우 최장 1년 반 동안 대기 상태에 놓인다. 그 기간 학교에 출근해 아무것도 안 하고 컴퓨터게임만 해도 꼬박꼬박 월급이 100퍼센트 나온다. 이런 무능력한 교사 때문에 연간 수천만 달러의 교육예산이 낭비되고 있다는 게 허핑턴의 주장이다. 또 이들 때문에 다른 학생들이 제대로 교육을 받지 못하고, 그 결과가 바로 OECD 30개국 중 미국 초중고의 수학과 과학 랭킹이 25위, 21위라는 것이다.

몇 개의 추가 데이터를 보면 자못 심각한 수준이다. 초등학교 4학년의 33퍼센트, 8학년(중학교 2학년)의 32퍼센트만이 읽기 테스트에서 proficient(우수) 등급을 받는다. 4학년의 33퍼센트, 8학년생의 25퍼센트는 basic(기본) 레벨 아래다. 해당 학년 수준의 책을 제대로 못 읽는다는 이야기다. 특히 고등학교는 낙제생을 양산해내는 공장이나 다름없다는 게 허핑턴의 진단이다.

미 전역에 걸쳐 평균적으로 고등학생의 30퍼센트가 졸업에 실패한다. 이는 선진국 중 가장 낮은 졸업률이다. 우리나라와 비교하면 상상할 수 없는 숫자다. 중도 탈락자는 대부분 출석 일수가 부족해 1~2년을 더 다녀야 하거나, 범죄나 마약에 휩쓸려 감옥으로 가는 케이스도 상당하다. 심지어 졸업자들조차도 수준이 엉망인데 대학입학능력평가 테스트(영어, 읽기, 수학, 과학 4 과목)에서 4명 중 1명이 부적합 판정을 받는다. 이쯤 되면 미국 초중고 교육에는 희망이 없다는 결론이 나올 수밖에 없다.

해답은 간단하다. 무능력한 교사들을 쫓아내는 것이다. 허핑턴도 미국 전체에 걸쳐 하위 6~10퍼센트의 무능력한 교사만 잘라내도 학생들의 수준을 세계 최고인 핀란드 수준으로 끌어올릴 수 있다고 주장한다. 하지만 이게 가능할까? 워싱턴DC 교육감으로 명성이 자자했던 미셸 리(Michelle Lee)의 사례를 보면 결코 가능할 것 같지 않다. 그녀는 교육개혁의 상징으로 주목받은 인물로 2009~2010년에 걸쳐 한국 언론에서도 자주 소개되었다. 그녀가 대표적으로 추진한 것은 교사의 자질과 학교의 수준을 정기적으로 평가해 뒤떨어진 교사나 학교를 도태시키자는 것이었다. 그러나 숱한 반대에 부딪쳐 실행에 옮기지 못하고 중도하차했다.

그렇다면 학부모들의 열망에도 불구하고 교육개혁이 지지부

진한 이유는 무엇일까? 허핑턴은 전국 교사들의 이익단체 때문이라고 지적했다. 교사노조연합단체가 막강한 파워를 행사해 무능력한 교사의 해고가 구조적으로 어렵다는 이유에서다. 여기에도 미국을 망치는 단골 메뉴인 로비력이 등장한다. 대표적 교사단체로 전미교육협회(National Education Association: NEA)와 미국교사연합(American Federation of Teachers: AFT)이 있는데, 이 두 단체가 매년 엄청난 로비자금을 워싱턴 정가에 갖다 바치면서 단결력을 키우고 있다.

통계에 따르면 두 단체는 1989년 이래 2011년까지 무려 5800만 달러를 로비에 사용했다. 이는 엑슨모빌이나 세브론 등 거대 에너지 기업들이 쓰는 로비자금과 비슷한 수준이다. 이런 상황이라면 오바마의 교육개혁 공약도 물거품이 될 공산이 크다. 교육개혁은 미국이나 우리나라나 쉽지 않기는 매 마찬가지다.

미셸 리 교육감의 못 다 이룬 꿈

전체 학생 중 읽기와 수학을 제대로 하는 학생 비율 43퍼센트, 고등학교 졸업률 53퍼센트.

이 숫자는 놀랍게도 세계의 중심인 미국, 그중에서도 수도인 워싱턴DC의 공교육 현실이다. 미국 공교육이 부러워 조기 유학에 열성인 한국 부모들이 듣는다면 놀라 자빠질 일이다. 물론 미국은 연방국가이고, 각 개별 학교 수준은 주와 카운티마다 다르다. 부자 동네여서 재정이 충분한 카운티는 그만큼 공교육 수준이 높은 반면 그렇지 못한 경우는 한국보다도 못한 동네가 수두룩하다. 워싱턴DC는 수도라고 보기에는 부끄러울 정도로 공교육에 관한 한 미국 전역에서도 꼴찌 수준이다.

DC의 공교육을 말하면 떠오르는 인물이 있다. 미셸 리 전 교육감이다. DC의 낡은 공교육을 뜯어고치겠다며 개혁을 부르짖던 그녀는 한때 교육개혁의 상징이었으나 결국 꿈을 이루지 못하고 무대에서 내려갔다. 미셸 리를 이어 2010년 교육감 자리에 오른 인물은 카야 핸더슨(Kaya Handerson)으로 역시 여성이다. 부임 후 2년간 조용했던 그녀가 드디어 칼을 뽑았다. 2012년 2월 18일 기자회견을 자청해 공교육 개혁 청사진을 밝힌 것이다. 〈워싱턴포스트〉는 이 뉴스를 1면 커버스토리로 뽑았다. 핸더슨 교육감은 미셸 리에 비해 더 전투적이다. 그녀는 '개혁'이란 단어 대신 '혁명'이란 용어까지 동원했다.

"우리의 목적은 개혁안을 과감하게 밀어붙여 교실 안에 혁명이 지금 당장 일어나도록 하는 것입니다."

그녀는 향후 5년 플랜을 구체적인 수치와 함께 제시했다. 2017년까지 공교육이 달성해야 할 목표를 제시한 것인데, 그 수치를 가만히 들여다보고 있자니 헛웃음이 나왔다. 예컨대 현재 DC의 공립 초·중·고등학교 학생들 중 읽기와 수학에서 제 학년 수준을 따라가는 학생 비율은 고작 43퍼센트다. 절반 이상이 읽기와 수학을 제대로 못한다. 심지어 읽기 능력에서 뒤떨어지는 40개 학교의 경우 그 비율은 23퍼센트로 더 낮다. 학생 4명 중 1명만이 읽기 능력이 정상이라는 뜻이다. 수학 능력이 떨어지는 하위 40개 학교는 그 비율이 22퍼센트로 더 형편없다. 더더욱 놀라운 것은 공립 고등학교 입학생 중 학교를 무사히 마치고 졸업하는 비율이 절반 수준(53퍼센트)에 불과하다는 사실이다. 즉 절반 정도는 고등학교를 정규졸업하지 못하고 사회로 나간다는 얘긴데, 이들 대부분은 출석일수가 모자라 졸업 요건을 갖추지 못했거나 범죄, 폭력, 마약 등으로 일찍이 감옥살이를 경험한 학생들이다.

핸더슨 교육감은 이런 형편없는 수준을 5년 내에 2배 가까이 올리겠다고 공언했다. 읽기와 수학 능력 테스트 통과 비율을 43퍼센트에서 2017년까지 70퍼센트로 높이고, 고등학교 졸업률도 53퍼센트에서 75퍼센트로 높이겠다는 것이다.

그녀는 이 데이터와 함께 경쟁력 없는 학교는 퇴출시키겠다는 초강수도 뽑아들었다. DC는 학생 수에 비해 학교가 지나치게 많기로 유명하다. 통계에 따르면 DC에 거주하는 초중고 학생수는 4만7000명인데, 학교 수는 123개에 달한다. 학교당 평균 학생수가 382명으로 다른 지역에 비해 적다. 학급당 학생수도 20명 정도로 적다. 얼핏 계산하면 교사 1인당 학생수가 적기 때문에 교육의 질이 높을 것으로 추정되지만 사실은 그렇지 못하다. 교육의 질은 오히려 떨어지고, 그만큼 놀고먹는 교사도 많다는 것이다.

DC 바로 옆 동네인 페어팩스는 미국 전역에서도 공교육 수준이 높기로 손꼽히는 곳인데, 학생수는 17만7600명이고 학교 수는 194개다. 학교당 학생수가 915명으로 DC의 2.5배에 달한다. 내 아이가 다니는 초등학교도 페어팩스카운티에 있으며 학생수가 700명이 넘는다. 한 반에 학생수도 27명 정도로 한국에서 다녔던 초등학교보다 많다. 그럼에도 교사의 수준은 물론 교육 품질도 전반적으로 우수하다.

DC가 학생수에 비해 학교 숫자가 많은 것은 이유가 있다. 1960년대까지만 해도 공교육 수준은 전국 평균 이상이어서 어린 자녀를 둔 부모들이 꽤 많이 살았다. 당시 123개 학교는 학생들을 모두 수용하기에 오히려 부족할 정도였다. 하지만 1970년대 이후 공교육 수준이 점차 떨어지면서 자녀 교육을 위해 인근 페어팩스나 몽고메리카운티로의 이주행렬이 시작되었다. 학생은 떠나고 학교만 그대로 남은 셈이다. 그렇다면 공교육은 왜 떨어졌을까? 여기에는 복잡한 상황들이 얽혀 있다. 1970년대 이후 소득이 낮은 이민자들의 대거 유입, 특히 흑인 유입에 따른 백인들의 이탈, 재정난으로 인한 학교 지원 감소, 교사노동조합의 관료화에 따른 교육 질 하락 등이다.

핸더슨 교육감은 학생수에 비해 과다하게 많은 학교수를 줄이겠다고 공언했다. "4만7000명의 학생을 위해 지금처럼 모든 학교에 투자를 지속할 수는 없다"며 경쟁력 없는 학교를 추려내 30여 개 정도를 문 닫도록 하겠다는 것이다. 그녀는 또 5년 후 목표를 달성하기 위해 수업시간을 늘이고, 수업일수도 늘이겠다는 계획도 밝혔다. 이런 개혁방침이 발표되자마자 교사들은 초비상이 걸렸다. 학교 수가 줄어드는 만큼 상당수 무능력한 교사들은 교문 밖으로 나가야 하기 때문이다.

핸더슨의 개혁이 성공할 수 있을지는 미지수다. 무엇보다 교사단체들의 로비력이 워낙 강해 이들의 반대를 물리치고 개혁을 밀어붙일 수 있을지 벌써부터 회의적인 시각으로 바라보는 이들이 많다. 과거 미셸 리 역시 이들의 반대를 넘지 못하고 DC 시장이 바뀌면서 중도하차했다. 미셸 리가 못다 이룬 꿈을 핸더슨 교육감이 과연 이뤄낼 수 있을지, 자못 궁금하지 않을 수 없다.

FALLING AMERICA

| 제5장 |

우리가 모르는
미국의 두 얼굴

세계에서 가장 불평등한 나라

여느 해와 다르게 그리 춥지도, 그렇다고 따뜻하지도 않은 지
루한 2012년 워싱턴DC의 겨울. 백악관 옆 펜실베이니아 애비
뉴를 걷다가 난데없는 텐트족들과 마주쳤다. 뉴스에서 접한 월
가 점령 시위대였다. 온갖 구호를 적은 피켓을 길바닥에 늘어
놓고 삼삼오오 모여 심각한 표정으로 논쟁을 벌이고 있었다.
그때 구호 하나가 눈에 들어왔다. '99퍼센트 대 1퍼센트'라는
구호였다. 피켓에 쓰인 대로라면 99퍼센트는 'Justice'였고, 1
퍼센트는 'Just Us'였다.

궁금해 다가가 물어봤다. 텐트족 왈 "1퍼센트의 탐욕이 99퍼
센트를 가난하게 만들었고, 1퍼센트 탐욕의 중심부에는 월가,
또 그들이 돈으로 로비스트를 매입해 배후 조종한 워싱턴 행정

부가 있다"고 했다. 꽤나 분석적이고 그럴듯한 논리였다.

경제가 발전하면 파이가 커져 서로 나눠가질 게 많아지고 모두가 잘살게 된다는 유토피아적 자본주의는 적어도 자본주의 심장부인 미국에선 통하지 않는다. 강단의 수많은 학자들이(굳이 좌파 성향이 아니더라도) 미국의 빈부격차가 역사상 최악의 상태로 치닫고 있다고 개탄하는 것을 보면, 확실히 그런 것 같다. 미국이 오늘날 처한 문제를 파헤친 책들을 읽어봐도 하나같이 이 문제를 지적한다. 그것도 자세하고 객관적인 데이터를 동원해가면서 말이다. 예컨대 다음과 같다.

- 1970년대 상위 1퍼센트 자산이 전체 GDP에서 차지하는 비중은 9퍼센트였다. 2010년에는 23.5퍼센트로 불어났다.
- 중산층의 평균임금(실질임금)은 1973년에 최고점을 찍은 뒤 줄곧 내려갔다. 하위 10퍼센트에 속하는 연소득 1만~1만5000달러 봉급자들의 실질임금은 1970년대보다 줄었다. 반면 상위 0.1퍼센트(연봉 40만 달러 이상)는 1973년에 비해 소득이 오히려 5배가 많아졌다. 상위 0.01퍼센트는 7배나 많아졌다.
- 1억 명의 미국인은 그들의 조상들보다 낮은 임금수준으로 살아가고 있다.
- 소득수준 하위 5퍼센트 가정에서 태어난 자녀가 상위 5퍼센트

로 올라갈 확률은 고작 7퍼센트다.

- 부유한 부모에게서 태어났으나 대학을 가지 않은 사람이 가난한 부모에게서 태어나 대학을 간 사람보다 부자가 될 가능성이 높다.

숫자의 왜곡이 있지 않는 한 이런 데이터에 근거해 비춰본 미국 사회는 확실히 불평등 국가다. 소득불평등 정도가 OECD 국가 중에서도 가장 심한 나라에 속한다. 특히 서유럽 국가들의 2배에 달한다는 통계도 있다. OECD가 소득불평등을 보여주는 지니계수를 이용해 산출한 통계에 따르면 2000년대 중반 미국 지니계수는 3.81로 전체 회원국 가운데 네 번째로 높다. 지니계수가 높다는 것은 그만큼 소득불평등이 심하다는 뜻이다.

참고로 제프리 삭스의 블로그(http://www.earth.columbia.edu/ articles/view/1804)에 들어가보면 그가 출연한 방송이 올라와 있다. 미국의 소득불평등이 역사적으로 어떻게 진행돼왔는지를 구체적인 데이터와 함께 열거하고 있다.

자본주의 종주국을 자처하는 미국이 가장 불평등한 사회가 된 까닭은 무엇일까? 노벨경제학상을 받은 폴 크루그먼은 《폴 크루그먼, 새로운 미래를 말하다》에서 4가지로 이유를 분석했다.

첫째, 기술발전이다. 고도의 기술을 요하는 노동력 수요가 갈수록 늘어나면서 고학력자들의 취업 기회는 늘어나는 반면 대다수 저학력자들의 취업 기회는 감소하고 있다. 둘째, 글로벌화다. 노동집약적 상품들은 대부분 저소득 국가들로부터 수입해 충당하기 때문에 저학력자들의 일자리는 갈수록 감소하는 반면 미국이 수출하는 하이테크 산업은 수요가 커지기 때문에 갈수록 많은 고학력자들의 일자리를 창출하고 있다. 셋째, 이민자들의 유입이다. 특히 1980년대 이후 값싼 노동력의 이민자들이 대거 유입되면서 저소득층의 일자리를 앗아가고 있다. 넷째, 노조의 힘 약화다. 노조의 힘이 약화되고 있는 것은 그만큼 사회 견제의 힘이 약해지고 있다는 뜻이다. 이는 강력한 제조업이 쇠퇴하고 점차 서비스산업 중심 사회로 바뀌고 있는 것과 무관하지 않다.

4가지 모두 상당히 설득력 있는 분석이다. 개인적으로 보면 미국 사회의 불평등 심화는 중산층 붕괴와 직결된 것이 아닐까 생각된다. 과거 강한 미국을 떠받치던 것은 탄탄한 중산층이었다. 누구나 노력하면 좋은 직장을 구하고, 정원이 딸린 집을 구입하고, 자녀를 교육시켜 대학까지 보낼 수 있다는 게 평범한 중산층이었고 그들의 꿈이 실현되면서 부강한 나라가 되었다.

하지만 1980년대 이후 중산층은 급속히 쇠퇴하기 시작했다.

원인은 여러 가지지만 가장 직접적으로는 크루그먼이 지적했던 대로 중산층의 터전인 제조업의 붕괴다. 제조업 붕괴는 미국이 주도한 글로벌화와 결코 무관치 않다. 생산고용의 글로벌화는 수많은 제조업의 국경 이탈로 이어졌고, 중산층의 대규모 실직, 소득감소, 부채증가로 이어지는 악순환의 고리를 만들어냈다. 생산의 글로벌화가 급속히 진행된 2000년 이후 제조업에서 1/3의 일자리가 사라졌다.

반면 1퍼센트 소수 부자들이 가장 많이 배출된 금융시장은 빠르게 성장했다. 금융산업은 1947년 국내총생산(GDP)의 2.5퍼센트에서 1970년 4퍼센트, 2006년 8.3퍼센트로 성장했고, 기업 전체 이익에서 차지하는 비중도 1973년 16퍼센트에서 1990년대 21~30퍼센트, 2008년 41퍼센트로 껑충 뛰었다. '제조업의 쇠퇴와 붕괴-금융산업의 번영' 구도가 오늘날 미국을 99퍼센트와 1퍼센트의 사회로 만든 가장 큰 구조적 원인이었던 셈이다.

월가 점령 시위가 한창 진행되면서 미국 지식인 사회에서는 자본주의 자체에 근본적인 회의를 던지는 시각도 상당히 제기됐다. 그렇다고 마르크스 주장대로 자본주의의 모순이 극한으로 치달아 프롤레타리아 혁명으로 이어지는 일까지 벌어지지는 않겠지만 적어도 미국식 자본주의만큼은 분명 한계에 이른 것은 분명한 것 같다.

평생 빚을 못 갚는 사회

내 아이의 학교 친구인 매그놀리아의 부모는 겉으로 보면 전형적인 중산층이다. 소득이 높은 동네인 페어팩스카운티의 중심인 비엔나에서 예쁜 정원이 딸린 싱글하우스에서 산다. 아빠는 인근 조지메이슨대학 교수고, 엄마는 워싱턴DC로 출퇴근하는 워킹맘이다. 아빠는 박사, 엄마는 석사 출신이다. 미국 전역에서 학력 수준이 가장 높다는 워싱턴DC 지역의 전형적인 엘리트 부부다.

하지만 겉보기와 달리 이 중산층 부부는 매달 빚을 막아내느라 허덕이는 삶을 산다. 부부가 진 빚을 하나씩 따져보면 다음과 같다. 우선 60만 달러짜리 집을 구입하면서 15년 장기 모기지론을 받았는데, 매달 은행에 갚아야 하는 돈이 3000달러다. 20만 달러는 결혼 이후 모아둔 돈으로 충당했고, 나머지 40만 달러를 대출받았다. 그나마 이자율이 낮은 프라임(우량) 모기지론을 받았는데도 매달 원금과 이자를 합친 금액이 이 정도다.

다음으로 갚아야 할 빚이 대학학자금 대출이다. 부부가 모두 대학원까지 다니면서 장학금 외에 나머지 등록금은 연방정부와 주정부가 제공하는 장기저리 학자금지원을 받았는데, 그 금액이 부부 합쳐 8만 달러에 달한다. 학자금 대출은 취업과 동시에 조금씩 갚아나가야 하는데, 10년이 지났는데도 2/3도 갚지 못했다. 학자금 대출 상환으로 나가는 돈이 매달 1500달러 정도 된다. 상환 금리가 비교적 낮은 3퍼센트대여서 망정이지, 원래 일정대로라면 2012년 중반부터 6퍼센트대로 올라갈 예정인 것을 의회에서 3퍼센트대 금리 동결을 연장하는 법안을 통과시켜 그나마 부담이 늘어나지 않았다.

빚은 여기까지지만 이것 외에도 매달 고정적으로 지출하는 비용이 만만치 않다. 우선 건강보험으로 월급에서 떼가는 돈이 부부 합쳐 1500달러가 넘는다. 여기에다 남편의 경우 소득의 25퍼센트, 아내는 소득의 18퍼센트가 매달 월급에서 원천징수된다. 전기·가스·수도·통신비 등은 대략 1000달러 수준이다. 부부가 모두 직장에 나가기 때문에 낮에는 아이 통학을 도와주는 도우미가 집에 와 있는데, 여기에도 매달 1500달러가 나간다. 아이의 방과 후 축구팀 활동과 수영 강습에도 300달러가 지출된다. 뿐만 아니다. 기부가 일상화된 미국이니만큼 각종 단체에 기부하는 금액도 적지 않다. 지난달에는 아이가 활동하는 걸스카우트에서 동물보호단체에 기부한다고 해서 100달러를 냈고, 모교 대학에도 150달러를 기부했다.

이래저래 한 달에 나가는 고정 비용은 총 1만1000달러에 달한다. 남편의 연봉 7만 달러와 아내 연봉 5만 달러를 합치면 가구소득 기준으로 중상위에 속하지만 매달 받는 월급으로는 고정비용조차 충당하기 버겁다.

매그놀리아 가족은 평균 중산층조차 얼마나 빚에 허덕이는지를 보여주는 가장 생생한 사례다. 이들에겐 한국에서도 일상화된 주말 외식이나 여행은 사치나 다름없다. 한마디로 쓸 돈이 없는 셈이다. 금융위기를 겪은 이후 미국 경기가 왜 쉽게 살아나지 않는지를 중산층의 홀쭉한 지갑을 보면 쉽게 이유를 알 수 있다. 미국인들의 90퍼센트는 평생 갚지 못할 빚을 떠안고 살아간다. 그도 그럴 것이 역사적으로 봐도 1970년대 이후 개인소득(실질소득 기준)은 꾸준히 감소하고 있는 반면 부담해야 할 각종 비용은 갈수록 치솟고 있다.

주택경기가 침체하면서 모기지론을 받아 집을 구입한 중산층이 일종의 '하우스푸어'로 전락한 것은 미국도 마찬가지다. 여기에다 복지시스템마저 후진적이어서 개인 의료비 부담은 다른 어떤 선진국보다 많다. 통계에 따르면 가족건강보험에 대한 미국 직장인의 개인 부담액은 평균 1만1000달러로 연소득의 1/4에 달한다. 또 1가구의 평균 카드빚은 1만6000 달러에 육박한다.

매그놀리아 부모처럼 대졸자들은 66퍼센트가 빚을 지고 졸업한다. 학자금 대출로 갚아야 할 빚은 1인당 2만3186달러라는 통계가 있다. 그러나 학비가 비싼 로스쿨이나 의대, MBA를 졸업한 학생들은 훨씬 더 많은 빚을 지고 졸업한다. 오죽하면 오바마조차 최근 한 대학 연설에서 "아내인 미셸 오바마와 함께 대학 시절 진 빚을 불과 지금으로부터 8년 전에야 다 갚을 수 있었다"고 고백했을까.

그의 고백은 더 이어진다. "아내와 나는 부잣집에서 태어나지 못했고 대학을 졸업했을 때는 빚만 산더미 같았다"며 "결혼 후에도 우린 둘 다 가난할 수밖에 없었다"고 말했다. 오바마가 컬럼비아대를 거쳐 하버드 로스쿨을 졸업한 것이 1991년의 일이니, 그가 학자금 대출을 다 갚은 시기는 그로부터 13년 뒤인 2004년이었다는 얘기다. 빚에 허덕이는 그들의 현실을 들여다보면 미국의 미래가 암울하기 짝이 없다.

기부에 의존하는 나라

학교를 마치고 돌아온 두 아이가 노란 봉투를 내밀었다. 뭔가 열어봤더니 기부하라는 안내문이었다. 내용인즉, 학교 잔디 운동장(미국 초등학교 운동장은 대부분 운동장이라기보다 넓은 잔디밭이다) 주변에 트랙을 만드는 데 돈이 필요하므로 일정 금액을 기부해달라는 것이었다. 내 아이들은 1년만 다니다 한국으로 돌아갈 건데, 뭔 기부? 무시하고 넘어갔다.

며칠 뒤 큰아이가 집에 와서 하는 말, "엄마 아빠, 내일이 기부 마지막 날인데, 우리 반이 1등했대요." 큰아이의 반이 학교에서 기부금을 가장 많이 걷었다는 소식이었다. 아내는 갑자기 여기저기 전화를 걸었다. 알고 지내는 아이 친구 엄마들에게 거는 전화였다. "혹시 기부했어요?" 대부분의 엄마들이 '예스'라고 답한 모양이다. 그때부터 아내는 고민을 시작했다. "할까, 말까?"

그날 저녁 아내는 나에게 두 아이 각각 50달러씩 수표를 써달라고 했다. "우리 아이들은 1년 뒤에 귀국할 건데, 굳이 할 필요가 있어?"라고 물었다. "단 몇 개월을 다니더라도 아이가 기죽으면 안 되고, 체면도 있으니 하자"는 것이었다. 나는 "미국인들은 기부가 일상화된 데다 기부하면 나중에 세금공제도 받기 때문에 생색도 내고 실속도 차리는 차원에서 더더욱 기부에 열중하는 것"이라며 "우리는 기부해도 세금공제도 못 받는다"고 아는 체했지만 아내는 이미 마음을 굳힌 상태였다. 할 수 없이 수표를 써주었다.

확실히 미국은 기부의 나라다. 기부가 없는 곳이 없다. 기부금에 절대적으로 의존하는 정치는 물론이고, 심지어 미국을 막후에서 움직이는 대규모 싱크탱크들도 대부분 기부에 의존해 운영된다. 각종 NGO나 시민단체, 문화 공연단체는 말할 것도 없다. 예컨대 보수주의를 대변하는 대표적 싱크탱크인 헤리티지재단은 연간 운영자금의 대부분을 기부로 충당하며 전체 기부금 중 개인 비중이 70퍼센트를 차지한다. 보수주의가 탄탄한 기반을 유지하는 것도 보수를 지지하며 실천하는 개인들의 연대감이 만들어낸 것 아닌가 싶다.

인터넷에서 검색을 하다가 우연히 알게 된 것인데, 미국에는 특정 권력집단의 감춰진 정보를 캐내 일반에게 알려주는 민간 사이트들이 아주 많다. 정보의 소수 독점에 반대하며 정보의 민주화를 주창하는 운동들이다. 예컨대 워싱턴DC 정가를 움직이는 막강 로비단체들이 어떤 곳을 대상으로 얼마나 많은 돈을 퍼붓는가를 보여주는 사이트도 있다. 이런 사이트 역시 기부에 의해 운영되며 최근 몇 년간 몇 명이 얼마나 많은 기부를 했는지를 자랑삼아 공개한다.

존스홉킨스대학에서 정치학을 가르치는 모 교수는 자신의 사례를 들어 "기부가 나의 생활을 궁핍하게 하고 있다"며 불평을 늘어놓았다. 그가 내는 기부금 중 가장 많은 비중은 역시 정치 기부금이다. 그는 연말에는 어김없이 친구들로부터 기부하라는 전화를 받는다. 하버드대학에서 석사를 마치고 존스홉킨스에서 박사를 받은 그인지라 친구들이 미국 사회 곳곳에서 주역으로 활약하고 있다. 특히 정치 관련 분야에서 일하는 친구들은 매년 연말에 기부를 요구하는 전화를 해댄다. 이런 전화는 특히 선거철에 극성이다. 얼마 전에는 동창회에서 텍사스 주지사에 출마하는 친구를 돕자며 거액의 기부를 요청해왔다. 그는 눈 딱 감고 거금 2000달러를 내주었다.

정치 기부금 외에도 일상에서 기부를 요청하는 전화를 수시로 받는다. 한번은 이런 전화도 걸려왔다. 장애인단체라며 자신을 소개한 한 여성이 다짜고짜 "존스홉킨스대학에서 교수를 하고 있으니 우리 단체에 기부 좀 해달라"는 것이었다. 거기다 대고 "나의 개인정보를 어디서 캤느냐"고 따질 수도 없어 무척이나 황당해했다. 이 교수는 이런 식으로 통장에서 나가는 기부금이 월급의 1/5이다. 물론 연말에 기부한 만큼 소득공제를 받고 세액공제도 받기 때문에 그나마 위안이 된다.

미국에서 번듯한 직업을 가진 사람은 이처럼 기부하지 않고는 도저히 배겨날 수 없다.★ 통계에 따르면 미국인들이 2010년

★ 미국은 기부금에 대해 연소득의 50퍼센트까지 공제해준다. 우리나라의 20퍼센트보다 훨씬 많다. 기부가 활성화된 데는 이 같은 제도적 뒷받침도 한몫을 한다.

한 해 동안 낸 기부금은 약 3000억 달러에 달한다. 우리 돈으로 350조 원 정도이니 GDP의 30퍼센트에 해당하는 금액이다.

또한 어릴 적부터 기부가 몸에 배도록 교육시킨다. 예컨대 초등학교에서도 기부금을 걷는 자금모금 행사가 제법 많다. 한 번은 펀런(Fun Run) 행사가 열린다기에 학교에 갔다. 전체 학생들이 운동장을 뛰고 있었다. 한 바퀴 뛸 때마다 얼마씩의 기부금이 자동으로 쌓여 학교에 전달된다. 일종의 기부금 모으기 달리기대회인 것이었다. 이런 행사는 미국 전역의 각급 학교에서 다양하게 펼쳐진다. 최근에는 교육계에서 "학교의 학생들이 공부를 하는 학생이 아니라 학교에 돈을 벌어주는 세일즈맨으로 변하고 있다"는 비판의 목소리까지 나왔다. 특히 교육 예산이 삭감되면서 그런 경향이 두드러지고 있다.

2010년의 경우 기부금 명목으로 학생들의 손이나 학부모의 손을 통해 팔려나간 캔디와 쿠키 등 각종 물건 값은 총 20억 달러에 달한다는 통계도 있다. 이 돈에서 80퍼센트는 초등학교에 다니는 학생들과 학부모들에 의해 판매된 것이다. 미국 학부모들은 가뜩이나 경제도 어려운 데 기부금 압력 때문에 허리가 휠 지경이다.

체면이 아니라 논쟁

국제경제 분야 최고 싱크탱크로 자리 잡은 피터슨국제경제연구소. 워싱턴DC 중심부를 동남북으로 잇는 매사추세츠 애비뉴 18번가와 17번가 중간에 있는 이 연구소에서는 거의 매주 화요일 오찬 세미나가 열린다. 주제는 국제경제 현안들이다. 가령 미국 지식인 사회에서도 최고 관심사인 중국의 부상에서부터 유럽 위기, 미국 재정적자, 일자리 문제 등이 주로 논의된다.

나는 시간이 허락하는 한 매번 세미나에 빠지지 않고 참석했다. 흥미로운 것 중의 하나는 세미나 형식이다. 한국에서 조찬 세미나를 여러 번 경험했는데, 그런 분위기와는 사뭇 다르다. 한국의 조찬 세미나는 ─경험해본 사람들은 다 알겠지만─ 우선 서울의 유명 호텔에서 엄숙한 분위기 속에 열린다. 원탁 테이블에서 간단한 아침을 먹고, 강연자의 강연이 이어지고, 마지막에 참석자와 질문 몇 개가 오간 후 끝난다.

하지만 피터슨연구소의 세미나는 분위기부터 다르다. 12시부터 30분간 간단한 뷔페 형식의 오찬으로 시작되는데, 대부분 접시를 들고 서서 관심사에 대해 이야기를 나눈다. 이어 한국 언론에도 자주 등장해 얼굴이 익숙한 프레드 버그스텐(Fred

Bergsten) 소장이 마이크를 잡고 사회를 본다. 버그스텐 소장은 세미나 때마다 매번 사회를 보는데, 세미나가 열리는 방 이름도 그의 이름을 따 버그스텐홀이다.

이어 그날의 연사가 나와 30분가량 간단한 프레젠테이션을 한다. 연사와 버그스텐 소장 간에 약식 토론이 벌어지고, 질문이 시작된다. 이때부터 본격적인 토론이 벌어지며 질문자는 단순한 질문이 아닌, 연사와 다른 관점의 자기 의견을 말하고, 무엇이 맞는지를 청중들에게 묻는다. 때로는 같은 이슈를 놓고 즉석 논쟁이 벌어지기도 한다.

토론 참여자는 청중석 중간에 있는 마이크 앞에 서서 의견을 피력한다. 제법 뜨거운 이슈가 논의될 때는 마이크 뒤로 줄이 길게 늘어서기도 한다. 토론은 보통 오후 2시를 넘기기 일쑤다. 과열되거나 시간이 넘어서면 버그스텐 소장이 개입해 토론을 마무리하고, 참여 못한 사람들은 못내 아쉬운 표정을 지으며 자리로 돌아간다.

세미나 참석자들은 주로 연구소와 학계는 물론 IMF와 월드뱅크 같은 국제기구 이코노미스트들이다. 워싱턴 정가나 행정부에서도 참석하며 개인 참여자들도 상당수다. 매번 세미나에 참석하면서 미국의 자연스런 토론문화가 부러울 때도 있었다. 대학 강의도 대부분 토론 형식으로 진행되고, 학생들이 너도나

피터슨 세미나에서 참석자들이 질문을 던지고 있다.

도 적극적으로 토론에 참가하는 것을 보면 확실히 토론이 일상화된 나라라는 것을 알 수 있다.

학계에서도 논쟁은 다반사로 이뤄진다. 월가 점령 시위가 한창일 때 교수들 간에도 블로그를 통해 공개 논쟁이 치열하게 벌어졌다. 하버드대학의 그레고리 맨큐(Gregory Mankiw) 교수가 그런 경우다. 《맨큐의 경제학》으로 우리에게도 익숙한 맨큐 교수는 블로그를 통해 폴 크루그먼을 공개적으로 비판했다. 크루그먼이 〈뉴욕타임스〉 칼럼에서 월가 점령 시위를 지지하면서 "교육의 균등 기회가 주어지지 않은 미국은 1퍼센트 부자들을 위한 국가"라고 지적한 것에 대한 비판이었다.

맨큐 교수는 "상위 1퍼센트를 비난하는 크루그먼 역시 소득 수준으로 상위 1퍼센트에 속하는 부자"라며 "만약 크루그먼 당신이 대학교육 기회를 얻지 못했다면 오늘날 그 자리에 있을 수 있었겠느냐?"며 공개 질문을 던졌다(사실 크루그먼 교수는 프린스턴대학에서 테뉴어★로서 받는 연봉도 적지 않지만 각종 기고문과 강연으로 버는 돈만 해도 연간 수백만 달러에 달한다).

체면을 중시해 논쟁을 피하고 특히나 껄끄러운 논쟁에선 가급적 침묵을 지키는 한국 교수사회에서는 생각하기 힘든 일이다. 댓글 문화도 한국과는 상당히 다르다. 논쟁이 되는 기사나 칼럼, 기고문에는 항상 수많은 댓글이 달리기 마련인데, 한국에서는 필자를 비난하거나 인신공격도 부족해 심지어 육두문자까지 던지는 댓글들이 많다.

하지만 미국에서 댓글은 일종의 온라인 토론장이다. 〈뉴욕타임스〉나 〈워싱턴포스트〉, 〈월스트리트저널〉 등 유수의 일간지 사이트에 들어가보면 금방 확인되지만, 필자와 다른 생각을 조목조목 제시하거나 동조하는 댓글들이 꼬리를 물고 이어진다. 우리가 배워야 할 긍정적 단면이 아닐 수 없다.

★　대학에서 교수의 종신재직권을 보장해주는 제도.

세대간 일자리 경쟁

나는 미국에 있을 때 자동차에 라디오 채널 5개를 세팅해놓았다. 그중 하나가 NPR(National Public Radio: NPR)이다. 뉴스 위주여서 세상 돌아가는 소식을 얻기도 좋지만 무엇보다 다른 방송에 비해 진행자들의 말이 빠르지 않고, 발음이 분명해 듣기 편하기 때문이다. 그중에서도 가장 잘 들리는 프로그램이 '다이앤 램쇼(Diane Rehm Show)'다. 다이앤 램이라는 할머니가 진행하는 시사 프로그램인데 말하는 속도가 너무 느려 때로는 답답함을 느낄 정도다. 방송 도중 진행자가 기침을 하는 바람에 진행을 못할 때도 있는데 그 기침을 듣고 있노라면 걱정이 되기도 한다. 목소리만 들어서는 일흔을 훌쩍 넘긴 할머니 같다. 인터넷에서 나이를 찾아보니 76세란다.

그녀는 젊었을 때부터 30년 이상 자신의 이름을 붙인 프로그램을 진행해온 유명한 라디오 진행자였다. 가장 영향력 있는 라디오 프로그램 조사에서 매년 10위 안에 들었고, 미국 전역에서 220만 명의 고정 청취자가 있다. 아무리 그렇더라도 한국 방송국에서라면 76세의 할머니에게 진행을 맡긴다는 것은 도저히 불가능한 일이리라.

이 프로그램을 들을 때마다 미국은 참으로 나이 차별이 없는 나라라는 생각이 든다. 언젠가 한 자동차 공장에서 생산직 채용에 지원하기 위해 길이 줄게 서 있는 사진을 보았다. 20대로 보이는 젊은이부터 60대는 족히 넘었을 것 같은 노인까지 다양했다. 실제로 미국에서는 직원을 뽑을 때 연령차별이 금지돼 있다. 그러다보니 노인들도 노동이 가능한 일자리의 경우, 손자와 할아버지가 같은 일자리를 놓고 경쟁하는 웃지 못할 상황도 벌어진다. 대형마트나 식당에 가보면 할머니 할아버지들이 자주 눈에 띈다. 재밌는 사실은 중간 연령층은 거의 없고, 노인들 아니면 20대 젊은이라는 것이다. 대학을 나오지 않아 좋은 직장을 갖기 어려운 저학력자들이 대부분이다.

미국은 직업에 연령차별이 없다보니 법적으로도 정년이란 제도가 없다. 우리나라의 경우 법적 정년은 공무원, 교사, 공기업 종사자에게만 적용되고, 민간기업들은 법적 정년은 없지만 사실상 사내규정을 통해 직급정년제도를 운영하고 있다. 몇 년 전 노동부가 발표한 통계에 따르면 민간 대기업들의 실제 퇴직 나이는 평균 54~55세였다. 자녀들 대학 학자금 등 가계비용이 한창 많이 들 시기에 그만두는 일이 벌어지는 것이다. 하지만 미국에선 이런 제도마저 없다. 어찌 보면 매우 합리적이다. 아무리 나이가 많아도 젊은이들에 비해 능력이 있고, 회사 기여도가 높다면 나이에 상관없이 계속 일할 수 있다. 그래서 은퇴라는 것은 돈은 충분히 벌었으니 이제는 휴식을 위해 스스로 그만두는 것을 의미한다.

우리나라는 노동단체를 중심으로 법적 정년제도를 도입하자는 주장이 끊임없이 제기되고 있다. 이 때문에 노동부에서도 노사정위원회가 중심이 되어 법적 정년 도입을 놓고 꽤 오랫동안 논의가 진행되어 왔다. 물론 기업 입장에선 법정 정년이 도입되면 그만큼 비용이 많이 들어가기 때문에 반대한다. 하지만 법적 정년이 도입된다 해도 과연 직업의 안정성이 보장될까? 노동단체에서는 정년까지는 해고 걱정을 안 해도 돼 안정성이 높아진다고 하지만 사실상 기업의 해고 자율성이 살아있는 한 법적 정년은 의미가 없다. 기업은 직원이 게으르거나 능력이 없다고 판단될 때 그 어떤 이유를 붙여서라도 집으로 보낼 것이다.

때문에 우리나라도 법적 정년을 도입하기보다는 직업에서 나이 차별을 없애는 정책을 도입해야 한다. 물론 이렇게 되면 세대 간의 일자리 충돌 문제가 생기겠지만 사회 전체적으로는 효율성이 더 올라갈 수 있다. 가뜩이나 노령화 속도가 벌써 일본을 추월해 세계에서 가장 빠르게 진행되고 있는 것이 현실이다. 빠른 고령화로 인한 여러 가지 파생 문제들(정부 재정부담, 노인 일자리 부족, 사회갈등 등)을 해결하는 데도 더 도움이 되지 않을까 싶다.

인구 절반이 비만

미국 사회학자가 쓴 책을 읽다가 웃음을 멈출 수 없었다. 각종 사회상을 독특하게도 신경학적 논리를 통해 접근한 책이었다. 저자 왈, 어느 날 할인마트인 코스트코에서 쇼핑을 하다가 앞에서 카트를 밀고 천천히 걸어가는 뚱뚱한 여성을 본 순간 "뚱뚱해서 천천히 걷는 것일까, 아니면 천천히 걷기 때문에 뚱뚱한 것일까"라는 참을 수 없는 의문이 생겼다는 것이다. 그는 한참의 고민 끝에 어렸을 적부터 천천히 걷는 게 습관처럼 길들여져 오늘날 비만에 빠졌다는 결론을 내렸다. 나로선 신경학적 분석과는 관련도 없어 보이고, 참으로 할 일 없는 사회학자라는 생각이 들었다.

참고로 요즘 일종의 추세인지 모르겠지만 인문학자들이 사회현상을 이야기할 때 너도나도 뇌의 구조와 같은 복잡하고 이해하기 어려운 의학 용어들을 많이 갖다 붙인다. 일부는 책을 쓰기 위해 신경학을 공부했다고 자랑하는 저자도 있다.

여하튼 사회학자 분석이 맞는지는 모르지만 미국은 어딜 가도 뚱뚱한 사람이 너무 많다. 10여 년 전 미국에 처음 출장 왔을 때만 해도 서부 LA처럼 가난한 이민자가 많거나, 소득수준이 낮은 동네에만 비만이 넘치고, 동부 뉴욕이나 워싱턴DC 같은 부자 동네는 늘씬한 미인들로 가득 차 있다는 말을 들었다. 지금 보면 그 말은 거짓이었거나, 아니면 10년 만에 세상이 달라져 비만 인구가 확 늘었든지 둘 중 하나일 것이다.

주변을 보면 비만에 빠진 미국인들이 너무도 많다. 특히 마트에 가보면 카트를 밀고 다니는 사람의 둘 중 하나는 비만이다. 아이들이 다니는 학교의 교사들 중에서도 마주하기 거북할 정도로 비만인 사람들이 꽤 눈에 띈다. 비교적 잘사는 동네인 워싱턴DC 주변이 이 정도라면 시골 동네는 두말할 나위가 없다. 미국의 전형적인 농촌인 캔자스를 방문해 점심을 해결하려 맥도널드에 들른 적이 있었다. 온통 백인 할머니 할아버지들이 자리를 차지하고 앉아 햄버거에 콜라를 먹는 광경을 보고 신기한 생각이 들었다. 더 신기한 것은 하나같이 비만이어서 제대로 걷기도 힘든 노인들이었다는 점이다.

미국에서 비만은 사회적으로도 심각한 수준이다. 언론들도 비만의 심각성을 알리는 기사를 종종 보도한다. 〈워싱턴포스트〉에 따르면 성인의 1/3이 비만에 빠져 있으며 2030년에는 인구 절반에 가까운 48퍼센트가 비만에 걸릴 것이라는 연구결과가 나왔다. 정부도 비만 해결에 비상이 걸린 지 오래다. 비만은 단지 개인의 건강 문제를 넘어 정부 재정을 갉아먹는 건강보험(메디케어와 메디케이드)의 적자를 눈덩이처럼 키우는 가장 큰 원인이 되기 때문이다.

　미국인들이 비만에 빠진 원인은 여러 가지가 있지만 가장 큰 원인은 식습관 때문이다. 평균적인 가정의 식단을 들여다보면 비만은 괜히 오는 것이 아님을 알 수 있다. 아침으로 흔히 먹는 팬케이크와 주스 한 잔은 그나마 괜찮다. 문제는 점심부터인데, 미국인의 점심은 정확히 두 가지로 나뉜다. 특히 여성의 경우 비만인 사람의 점심과 늘씬한 사람의 점심 메뉴는 180도 다르다. 가령 패스트푸드점에 두 여성이 앉아 점심을 먹는 장면을 상상해보자. 한 여성은 뚱뚱하고 한 여성은 날씬하다. 뚱뚱한 여성이 먹는 메뉴는 십중팔구 햄버거 아니면 커다란 피자와 소다다. 소다를 마시는 컵도 크기가 장난 아니다. 반면 날씬한 여성의 메뉴는 조그만 샐러드 박스가 전부다. 저것만 먹고 배고프지 않을까, 보는 사람이 걱정되지만 점심 무렵이 되면 샐러드 박스를 들고 다니는 늘씬한 젊은 여성들이 많이 띈다.

　저녁은 심각하다. 평균 미국인들은 아침 점심을 양껏 먹지 않기 때문에 저녁은 보통 정찬을 챙겨 먹는데, 그 양이 최소한 한국인의 두 배다. 여기에다 식후 아이스크림은 미국인이 가장 즐겨 먹는 것인데 역시나 양이 만만치 않다. 우리 같으면 두 사람이 먹어도 질릴 양을 한 사람이 후딱 해치운다.

　이것도 부족해 소파에 기댄 채 TV를 보며 열량이 가득한 감자칩을 우적우적 씹어댄다. 미국인들은 참으로 칩을 사랑하는 인종이다. 그것도 소금이 무척 많이 들어간 아주 짠 칩을 먹는다. 내가 아는 한 교수도 책상 위에 감자칩을 쌓아놓고 하루 종일 틈날 때마다 씹어댄다. 그 교수의 체형은? 당연히 비만이다. 그런 점에서 채식 위주인 한국인의 식단은 참으로 건강식이다. 단지 지나치게 짠 것만 뺀다면 말이다.

미국인의 평균수명은 한국은 물론 OECD 평균보다 낮다. 지구상의 가장 선진국, 그것도 광활한 자연과 풍족한 자원을 가지고 행복이 넘쳐나는 사람들의 평균수명이 우리보다 더 짧다는 게 이상했지만 식습관을 보고 나서는 납득이 되었다. 미국인들이 비만을 해결하려면 가장 먼저 식단의 혁명부터 일으켜야 한다. 미국만의 건강 음식을 개발하는 것도 필요하다. 사실 미국 음식이 뭐냐고 물으면 햄버거 말고는 나오는 답이 없다. 한번은 미국인이 즐겨 찾는 미국식 전통 뷔페집을 간 적이 있다. 햄버거, 샌드위치, 치킨, 스테이크, 피자 등을 주 메뉴로 각종 기름진 음식이 널려 있는데 우리 식성으로는 도저히 먹을 엄두가 나지 않았다.

일각에서는 갈수록 벌어지는 빈부격차가 미국을 비만에 빠지게 만드는 요인이라고 지적한다. 비만은 한국도 그렇지만, 미국 역시 못사는 사람들의 전유물처럼 여겨진다. 과거 중산층이 두터웠던 시기엔 비만율이 낮았지만 제조업 쇠퇴와 이에 따른 중산층 붕괴, 빈부격차 확대, 이른바 1퍼센트에 비해 99퍼센트의 삶이 곤궁해지면서 비만이 동시에 확산되고 있다. 나름대로 일리 있는 분석이다.

신(新) 계급사회

미국에 와서 살면서 가장 부러웠던 것 중의 하나가 이른바 공공시설이 한국에 비해 너무나도 잘돼 있다는 것이었다. 아이들이 다니는 우수한 공립학교에서부터 언제 어디서나 접근이 가능한 공공도서관, 푸른 잔디밭에서 마음껏 뛰어놀 수 있는 공원, 공짜로 즐길 수 있는 공공박물관 등등.

하지만 이런 우수한 퍼블릭 영역이 빠른 속도로 퇴색되고 있다는 것이 미국 지식인 사회의 진단이다. 그 자리를 이른바 프라이빗(Private) 영역이 차지하고 있다. 예컨대 공립학교 경쟁력이 떨어지면서 중산층 이상 미국인들은 자녀들을 사립학교에 보내고 있고, 공용수영장이나 운동장 시설이 오래되고 낡아지면서 멤버십으로 운영되는 고급 스포츠클럽이 우후죽순 격으로 늘고 있다. 국가나 주정부 돈으로 운영되는 병원들도 의료

서비스 질이 낙후되면서 프리미엄 서비스를 갖춘 사설 병원이 급속히 세를 키워가고 있다. 주변을 둘러보면 일종의 '피로 증후군' 현상이 심각하다. 건물이고 도로고 할것없이 대부분의 인프라가 너무 오래돼 낡아빠져 있다.

공공 영역이 왜 이리 쇠퇴하고 있는 것일까? 클린턴 정부 시절, 노동부 장관을 지낸 로버트 라이시는 《왜 위기는 반복되는가》에서 이렇게 분석했다. 2008년 금융위기 이후 심화되고 있는 정부의 재정 압박이 첫 번째 이유다. 여기에다 지난 30년간 실질소득 증가가 전혀 없었던 중산층 이하 국민들의 세금 저항이 갈수록 거세지고 있는 것도 주요 이유다. 우수한 품질의 공공서비스를 여전히 원하면서도 개인 호주머니에서 돈이 나가는 것을 더 이상 원치 않는다는 것이다.

더구나 성장의 열매 대부분이 상위 1퍼센트에만 집중되면서 부자들은 갈수록 퍼블릭보다는 프라이빗에 의존하고, 공공서비스에 대한 정치권의 지원도 끊기고 있다. 이는 공공 분야 수입 감소로 이어지고, 수입 감소는 투자 축소로, 투자 축소는 시설 낙후로, 시설 낙후는 공공서비스 이탈로 이어지는 악순환이 벌어진다고 라이시는 분석했다.

역사적으로 봐도 미국인들 사이에 공공재에 대한 관심이 갈수록 식어가고 있다. 20세기까지만 해도 미국인들 사이에선

'We're all in it together(우리는 하나다)'라는 인식이 보편적으로 자리 잡고 있었다. 1930년대의 대공황과 2차대전, 냉전시대를 겪으면서 파시즘과 공산주의에 대항해 단결하고 잘살아보자는 인식이 넘쳐났다. 이는 자연히 공공재에 대한 투자 확대로 이어졌다. 하지만 시대가 변하면서 We're all in it together 정신은 'You're on your own(너는 너고, 나는 나다)'의 이기주의로 급속히 대체되고 있다. 이는 글로벌화와 밀접한 연관성이 있다. 노동력의 상당 부분을 글로벌 아웃소싱에 의존하면서 미국인들의 유대감이 약해진 데다 1980년대 이후 이민자 급증으로 다양한 인종들 간의 화학적 결합력이 갈수록 약해지는 것도 큰 이유다.

이 같은 퍼블릭 영역의 퇴조와 프라이빗 영역의 확대는 새로운 사회 갈등을 유발한다는 우려도 있다. 이른바 현대판 계급사회가 고착화되는 징조다. 예컨대 상위 1퍼센트 부자들은 생활의 모든 측면에서 자기들만의 프라이빗 공간을 만들어 나머지 99퍼센트들과 단절된 '그들만의 천국'을 만들어간다. 심지어 자녀들조차 값비싼 사립학교에 보내 그들끼리만 유대감을 쌓아간다. 결국 미국에서 부자가 된다는 것은 평범한 99퍼센트와 마주칠 일이 없을 정도로 충분한 돈을 갖고 있다는 것을 의미한다. 반면 99퍼센트는 갈수록 낡아가는 퍼블릭 영역에 의존하는 까닭에 삶의 질이 지속적으로 후퇴하고 있다.

중국을 바라보는 두 시선

워싱턴DC 매사추세츠 애비뉴에 있는 존스홉킨스 국제관계대학원 강의실. '글로벌 경제에서 중국의 역할'이란 제목의 강의 도중 학생들 사이에 논쟁이 벌어졌다. '중국이 머지않아 미국을 추월해 세계 패권 국가로 부상할 것인가'란 주제를 놓고 교수가 발제를 하자마자 학생들이 경쟁적으로 손을 들었다.

첫 번째 학생은 중국의 높은 성장 잠재력을 감안하면 충분히 가능하다는 요지의 발언을 했고, 두 번째 학생은 중국 내부의 여러 가지 문제들, 예컨대 도시와 농촌 격차, 지방정부 재정난, 부동산 버블 등을 거론하며 중국 경제가 순탄치 않을 것이라고 반론을 폈다. 여러 학생들이 양쪽으로 나뉘어 논쟁에 참여했다. 국제관계대학원이 행정부나 국제기구 진출에 관심 있는 학생들이 많이 다니는 곳이어서인지 대부분 현실 문제에 상당한 논리를 갖추고 있었다.

논쟁이 흥미롭게 진행되고 있을 때 맨 뒷좌석에 있던 한 학생이 목소리를 높였다. 그는 "중국 경제가 잘 나가는 이유는 미국과의 무역에서 엄청난 흑자를 내기 때문이다. 중국산 수입품에 20퍼센트 이상의 특별관세를 물어야 한다"고 주장했다. 이 말에 귀가 번쩍 뜨였다. 전형적인 화이트아메리칸으로 보이는 그 학생의 얼굴을 보는 순간 '미국의 진짜 모습이 바로 이런 것 아닐까' 라는 생각이 불현듯 스쳐지나갔다.

중국은 확실히 오늘날 미국이 가장 집요하게 주시하는 나라다. 워싱턴DC의 싱크탱크들이 매일 부지런히 여는 세미나의 가장 큰 관심사 중 하나도 바로 중국이다. 피터슨국제경제연구소는 언젠가 두 차례에 걸쳐 중국 관련 대규모 세미나를 열었는데 첫 번째는 중국의 부상을 긍정적인 시각에서, 두 번째는 부정적인 시각에서 열었다. 이런 식의 세미나 자체가 꽤 흥미로웠다.

대학들의 지역학 강의에서도 중국 강의는 단연 최고 인기다. 미국 유수 대학원생 대상으로 국무부가 진행한 인턴 선발에서도 중국 데스크 경쟁률이 가장 높았다. 미국 대학가에선 중국을 공부해야 앞으로 먹고사는 데 걱정이 없을 것이란 말이 농담처럼 오간다. 재밌는 사실은, 중국을 바라보는 미국의 눈에는 엇갈린 두 시각이 존재한다는 점이다.

한 가지는 우리가 익히 듣고 보았던 것처럼, 이른바 '중국 원죄론'이다. 글로벌 불균형, 더 직접적으로 말하면 눈덩이처럼 쌓이는 미국의 무역적자 주범은 중국이라는 것이다. 이는 미 행정부(특히 재무부)는 물론 대다수 싱크탱크들의 공통되고 일관된 주장이다. 2010년 서울에서 열린 주요 20개국(G20) 정상회의에서도 오바마를 수행한 가이트너 재무장관이 목청을 높이면서 했던 주장이기도 하다.

이들의 결론은 중국이 엄청난 무역흑자를 줄이기 위해 환율 조작을 멈추고, 위안화 절상을 단행해야 하며, 수출보다는 내수에 초점을 맞춰야 한다는 것이다. 이런 시각은 미국 지식인 사회에서도 주류를 이루고 있다. 언론 역시 국익이 걸린 문제여서인지 이런 방향에 대체로 동조한다.

두 번째 시각은 이에 대한 반론이다. 미국에 머무르면서 새로 알게 된 사실은, 적지 않은 지식인들이 행정부의 중국에 대한 일방적 공격에 상당한 반기를 들고 있다는 것이다. 물론 주류 언론에선 외면당하고 잘 다뤄지지 않는다. 반론의 요지는 미국 정부가 일방적으로 몰고가고 있으며, 일부는 사실을 왜곡까지 한다는 것이다. 중국 무역흑자의 원인을 둘러싼 논쟁이 대표적이다. 우선 무역적자의 원인에 대한 행정부와 주류 언론의 주장을 살펴보자. 중국은 아시아 외환위기 직후인 1997년 12월부터 위안화를 달러당 8.27에 고정시켜두고 있는데, 그 이후 지금까지 다른 나라 통화는 절상되는 가운데서도 위안화만 상대적으로 절하돼 엄청난 대미 무역흑자의 주범이 되고 있다는 것이 정부의 주장이다.

하지만 반론을 펴는 쪽의 이야기는 완전히 다르다. 대표적 반대론자는 존스홉킨스 국제관계대학원의 피터 보틀리에(Pieter Bottelier) 교수다. 월드뱅크 수석 이코노미스트 출신인 그의 주장을 요약하면 이렇다. 중국의 무역흑자는 2003~2004년을 기점으로 폭발적으로 늘어나기 시작했으며 이는 미국의 주장처럼 중국의 환율조작(위안화의 인위적인 절하) 때문이 아니다. 중국의 무역흑자 급증 원인은 다른 데 있다. 첫째, 2002년 WTO 가입을 계기로 글로벌무역에 합류하면서 무역량이 급속히 늘어났으며, 둘째, (보틀리에 교수는 이것이 더 근본적 이유라고 주장한다) 미국의 신용팽창에 따른 중국 제품의 수입 급증 때문이다. 부연 설명을 하자면, 미국은 2001년 이후 장기간 저금리 정책을 편 결과 민간의 신용이 급격히 팽창했고, 이 시기에 소비 또한 급격히 증가하면서 중국산 제품의 수입을 늘렸다는 것이다.

　반대론자들은 행정부 주장대로 위안화를 절상하면 무역적자 규모를 줄이기는커녕 오히려 미국에 또 다른 위기를 가져올 것이라 주장한다. 이런 주장을 펴는 보틀리에 교수의 설명은 이렇다. "행정부나 일부 경제학자들 주장대로 위안화를 25퍼센트 절상하면 중국산 제품 가격이 오른다. 미국이 지금의 무역규모를 유지한다면 수입액은 750억 달러가 증가해 무역적자는 더욱 폭발적으로 늘어난다." 그는 "더욱 심각한 문제는 중국산 제품 가격 인상은 미국 소비자 부담으로 고스란히 전가된다는 점"이라고 주장한다. 상당히 일리 있는 이야기다.

적지 않은 분석가들이 비슷한 시각을 갖고 있다. 워싱턴DC의 대표적 싱크탱크인 국제전략문제연구소(CSIS)의 찰스 프리먼 (Charles Freeman) 연구원도 그중 하나다. "미국과 중국의 무역불균형은 두 나라간 비용구조의 현격한 차이에서 비롯된 것이지, 중국의 환율조작과는 무관하다"는 게 그의 주장이다. 다시 말해 똑같은 소비재를 만드는 데 드는 단위비용(노동비용 포함)에서 미국이 훨씬 불리하기 때문에 이를 좁히지 않는 한 무역불균형은 치유 불가능하다는 것이다. 그의 주장은 다음과 같이 이어진다.

> "만약 위안화가 20퍼센트 절상되면 미국의 무역경쟁력이 되살아날까? 천만의 말씀이다. 위안화 절상으로 중국 제품 가격이 올라가면 미국 소비자들이 미국 제품을 찾을 것이라고 행정부는 기대하지만 이는 희망일 뿐이며, 실제로는 미국 제품으로 돌아오지 않고 중국 대신 멕시코와 같은 다른 개발국 생산제품으로 옮겨가 무역적자는 지금처럼 똑같이 늘어나는 구조가 될 것이다."

참으로 명쾌한 설명이 아닐 수 없다.

미국인들 사이에서도 중국에 대한 평가는 혼재되어 있다. 한다큐멘터리 채널에서 '중국에 대한 미국인의 시각'을 다룬 프로그램을 본 적이 있는데, 거기에 나온 한 장면은 여러 가지를 생각하게 만들었다. 포드자동차 공장에서 일하다가 해고된 한 미국인 여성이 TV에 등장해 이렇게 말했다. "내가 일자리를 잃은 것은 중국 때문이에요." 포드가 싼 노동력을 찾아 중국으로 공장을 이전하기 위해 미국 공장을 폐쇄하면서 수많은 미국인이 일자리를 잃었다는 것이다. TV 앵커가 그 여성에게 물었다.

"생활필수품은 주로 어디서 구입하나요?"

"월마트에서 구입합니다."

"왜 월마트를 이용하지요?"

"그거야 월마트 제품이 가장 싸기 때문이죠."

"월마트 제품이 왜 싼지 아세요?"

그 여성이 대답을 못하고 머뭇거리자 앵커가 대답해주었다.

"월마트 제품은 대부분 중국에서 싼 노동력으로 만든 것을 들여오기 때문입니다."

여성은 겸연쩍은 표정을 지었다. 자신을 해고하게 만든 중국 때문에 싼 제품을 마음껏 쓰고 있다는 사실에 혼란을 느끼는 사람들, 바로 오늘날 미국인의 모습이다.

제2의 아편전쟁

조지프 스티글리츠 컬럼비아대학 교수가 쓴 《끝나지 않은 추락》을 보면 중국에 대한 또 다른 시각을 발견할 수 있다. 노벨 경제학상까지 받은 그가 중국 문제를 바라보는 시각은 확실히 미국 주류와는 달랐다. 내용을 요약하면 이렇다.

"서구는 잊고 있지만 190년 전만 해도 세계 총생산(GDP)의 60퍼센트는 아시아에 있었다. 하지만 기술혁명에 기반을 둔 유럽과 식민지 개척에 나선 미국이 불공정무역협정을 하면서(다시 말해 자기네들끼리의 무역에 한계를 느끼고 새로운 희생자를 찾아나선 결과) 아시아가 타깃이 되었고, 그 결과 1950년대에는 아시아 경제가 세계 GDP의 18퍼센트로 줄어들었다.

19세기 중반 프랑스와 영국이 중국을 상대로 전쟁을 일으킨 것도 글로벌무역 대열에 동참하라는 경고였다. 아편전쟁은 이런 면에서 상징적이다. 아편 말고는 달리 중국에 팔 것이 없었던(다시 말하면 중국 입장에선 아편 외에는 다른 어떤 서방의 물건도 중국보다 값어치가 없었던) 서방으로선 중국 시장에 아편을 팔기 위해 전쟁을 일으켰던 것이다. 이것이 서방이 오늘날 중국을 상대로 그토록 문제 삼는 무역불균형 문제를 시정하려는 초기

형태의 시도였다."

　참으로 신선하면서도 명쾌한 통찰이 아닐 수 없다. 스티글리츠 교수의 주장을 한마디로 축약하면, 지금 미국을 필두로 하는 선진국이 중국을 상대로 글로벌 무역불균형 문제를 시정하라고 틈만 나면 압박하는 것은 '현대판 아편전쟁'이나 다름없다는 것이다. 사실 내수에 의존하던 중국을 글로벌무역이라는 큰 무대로 끌어들인 건 미국이었다. 2001년 말 중국의 WTO 가입 역시 미국의 필요가 크게 작용했다. 중국을 자본주의 체제의 그물망에 편입시키자는 정치적 배경도 있었지만, 그 속에는 이미 서방 및 다른 아시아, 남미 국가들과의 무역에 한계를 느낀 미국이 숨어 있는 큰 잠재시장의 문을 열어 파이를 나눠 먹자는 속셈이 더 컸던 셈이다.

　하지만 중국이 WTO 무대로 뛰어들면서 상황은 완전히 다르게 전개됐다. 미국 제품이 중국에 들어가기는커녕 중국산 값싼 물건들이 전 세계로 쏟아져 나오면서 글로벌무역의 폭탄이 된 것이다. 미국에서도 중국 제품은 월마트를 통해 불티나게 팔려나갔다. 이것이 오늘날 미국과 중국간 무역불균형이 빚어진 배경의 처음과 끝이다.

　사실 중국으로선 미국 물건을 사주고 싶어도 사줄 게 없다.

이미 일상에 필요한 소비재부터 자동차, 선박에 이르기까지 웬만한 제품은 자국에서 생산되고 있는데다(서방 기업들이 저렴한 인건비를 찾아 중국 땅에 너도나도 공장을 짓기 위해 달려 들어온 덕분에) 설사 미국 제품의 품질이 우수해 사주려 해도 가격경쟁력에서 밀리기 때문에 소비자들부터 찾지 않는다. 중국에 없는 무형의 고급 서비스라면 몰라도….

TV에 푹 빠진 사람들

미국에 와서 처음 놀란 것 중의 하나가 TV 채널이었다. 기본 서비스만 받아도 채널이 200여 개이고 웃돈을 좀 얹어 프리미엄 서비스를 선택하면 무려 400~500개로 늘어난다. 채널을 돌려 보면 별별 시시콜콜한 이야기를 다루는 방송들이 부지기수로 많다. 미국인들은 채널 돌리는 재미로 시간 가는 줄 모르겠구나라는 생각이 들었다.

살아보니 역시나 미국인들은 TV에 푹 빠져 지낸다. 선진국 중 TV 시청시간이 가장 많은 나라가 미국이다. 통계에 따르면, 선진국 중 TV 시청시간이 적은 나라는 스위스, 핀란드, 노르웨이 등 북유럽 국가로 하루 평균 167분이다. 이보다 많은 나라는 프랑스, 독일, 스페인, 이탈리아 등 서유럽 국가와 일본이며, 미국은 하루 평균 297분으로 가장 많은 나라에 속한다. 매일 5시간씩을 TV 앞에 앉아 있다는 이야기다. 퇴근 후 소파에 기대 누워 포테이토칩을 먹으면서 TV를 보는 모습이 전형적인 샐러리맨 가정의 모습이다.

이처럼 많은 TV 시청은 여러 문제들을 낳는다. 혹자는 미국이 오늘날 온갖 문제 덩어리를 안고 있는 것은 근본적으로 TV 때문이라는 지적도 내놓는다. TV 시청으로 인한 직접적인 문제는 책 읽는 시간이 줄고 있다는 것이다. 미국 청소년(8~18세)들조차 하루 평균 TV 시청이 3시간에 달하는 반면 독서시간은 고작 23분에 불과하다. 책을 안 읽는다는 것은 그만큼 사고를 안 한다는 것이기도 하다. 미국 청소년들의 지적 사고 능력이 갈수록 저하되는 것도 TV 때문이 아닐까 싶다. 참고로 미국은 OECD 30개국 중 초중고의 수학과 과학 랭킹은 25위, 21위에 머문다.

신문 등 인쇄매체가 가장 빨리 쇠퇴하고 있는 나라도 미국이다. 하루 평균 TV 시청시간이 5시간에 달하는 반면 신문 등 인쇄매체를 읽는 시간은 36분에 불과하다. 심각한 질병인 비만도 TV와 밀접한 연관이 있다. TV 앞에 앉아 정크푸드를 즐기는 생활 습관은 곧바로 비만으로 이어진다. 전 국민 비만율이 33

퍼센트에 달하는 만큼 비만은 실로 미국이 해결해야 할 엄청난 사회·경제 문제다. 부자들이 사는 동부 대도시를 가면 날씬한 여성들만 보인다고 하는데, 이는 이제 옛말이 되었다.

미국이 세계 최고의 과소비 국가인 것도 TV 영향이 크다. 한국 사람이 미국 TV를 보고 있으면 짜증이 나서 채널을 고정시키기 어렵다. 어지러운 광고가 쉴 새 없이 쏟아져나오기 때문이다. 뉴스는 물론 드라마, 영화, 다큐멘터리, 스포츠 할 것 없이 모든 채널이 평균적으로 5분마다 1분 꼴로 광고를 내보내는 것 같다. 가끔 흥미로운 영화라도 볼라치면 광고 때문에 끝까지 보기 힘들 정도다.

통계에 따르면 어린이들조차 광고에 노출되는 시간이 1년에 무려 3만100시간에 달한다. 광고는 프로이트가 말한 '무의식적 충동(unconscious impulses)'을 불러일으키는 훌륭한 수단이다. 대중홍보 수단인 광고의 개념을 처음 만들어낸 사람은 마케팅의 천재 에드워드 버네이스(Edward Bernays)다. 그가 프로이트와 조카-삼촌 사이인 것은 결코 우연이 아니다. 미국인을 세계에서 가장 소비적인 국민으로 만든 1등 장본인이 TV라는 분석은 결코 과장이 아니다.

TV의 해악은 여기서 끝나지 않는다. TV가 미국인 개개인과 미국 사회에 얼마나 나쁜 해악을 미치는지를 분석한 연구가 있다. 제프리 삭스가 쓴 《문명의 대가》를 보면 TV가 미국의 '나쁜 정치와 기업지배의 훌륭한 수단'이라고 지적하면서 TV 시청이 미치는 해악을 이렇게 분석했다.

첫째, 개인화를 가속시켜 시민운동을 쇠퇴하게 만든다. TV 시청시간이 많은 나라일수록 사회적 신뢰는 낮고, 정치부패지수는 높다는 게 삭스의 주장이다. 둘째, 정신건강, 특히 자기 억제 능력을 잃게 만든 주범이다. 평균적인 미국인들이 나쁜 생활습관들, 예컨대 흡연이나 과식, 도박이나 게임, 과도한 쇼핑에 중독된 것도 TV 시청으로 인한 자기 억제력 상실 때문이라는 것이다.

삭스는 나아가 미국이 주택모기지 부채의 덫에 걸린 것도 TV 시청과 결코 무관하지 않다는 결론을 내렸다. 과도한 소비에 중독되다 보니 자기 통제력을 잃고 부채까지 끌어들여 소비에 나선 결과 위기가 터졌다는 것이다. 이쯤 되면 TV 퇴치운동이라도 나와야 할 것 같은데 그런 운동은 아직 본 적이 없다.

쿠폰의 천국

국민별로 삶의 만족을 느끼는 척도는 다 다르다. 이와 관련해

서양에는 이런 농담이 있다. 프랑스인은 좋은 음식과 와인이 있으면 만족감을 느끼고, 독일인은 좋아하는 음악을 들으면 행복감을 느끼며, 영국인은 공원에서 평온함을 찾는다. 그렇다면 미국 사람들은 무엇에서 가장 큰 만족을 느낄까? 해답은 소비에 있다. 미국인은 쇼핑할 때 가장 큰 포만감에 취한다.

국민성과 관련된 일종의 스테레오타입이지만 결코 근거 없는 농담은 아니다. 미국이야말로 전 세계 최고의 소비국가다. 그들의 일상을 옆에서 지켜보면 소비에 얼마나 도취해 있는지 금방 알 수 있다. 단적인 사례가 넘쳐나는 쿠폰이다. 쿠폰은 기본적으로 소비를 자극하는 최고의 수단이다. 굳이 필요없는 물건인데도 쿠폰을 발견하면 싸다는 인식에 불필요한 소비로 연결된다.

미국은 쿠폰 천국이라 해도 과언이 아니다. 신문을 구독하면, 일요판에는 신문 두께의 10배쯤 되는 쿠폰북이 함께 배달된다. 이 쿠폰북 때문에 일요판만 구독하는 사람도 상당수에 달한다. 매일 우체통에 배달되는 우편물의 절반도 무작위로 전달되는 쿠폰북이다. 주변 마트나 식당, 병원, 가구점, 주택수리 업체 등 모든 종류의 쿠폰이 들어 있다. 일상을 살다보면 그야말로 쿠폰의 홍수 속에서 사는 느낌이 든다.

확실히 쿠폰은 계층, 빈부격차를 떠나 미국인의 생활과 너무

나도 밀접한 부속물이 됐다. 한번은 존스홉킨스대 교수의 연구실에 들렀다가 그 교수가 신문과 함께 배달된 쿠폰북을 열심히 오리는 모습을 봤다. 우리 같으면 교수 체면에 쿠폰 오리는 것을 창피하게 여길 수도 있을 법하지만 그는 태연하게 "이건 생활의 일부분"이라고 말했다. 퇴근할 때 집 근처 마트에서 싸게 살 수 있는 물건을 발견했다며 오히려 자랑까지 했다.

'쿠폰클리퍼(coupon clipper)'라 불릴 정도로 쿠폰에 취한 미국인들, 그 결과는 어떨까? 일부는 소비에 지나치게 경도된 미국인의 습성이 오늘날 위기를 불러왔다는 지적도 내놓는다. 결코 틀린 분석은 아니다. 통계에 따르면 미국 경제에서 소비가 차지하는 비중은 70퍼센트(주택을 포함하면 75퍼센트)에 달한다. 세계 최고 수준이다. 비슷한 선진국인 영국 65퍼센트, 독일 55퍼센트, 일본 52퍼센트에 비해도 확실히 높다. 우리나라는 민간소비가 GDP에서 차지하는 비중이 일본과 비슷한 52퍼센트(2010년 기준)다.

소비가 많으면 당연히 저축률은 낮기 마련이다. 중산층 가구의 저축률(가처분소득 대비)은 1970년대까지 9퍼센트를 유지하다가 1980년대에 7퍼센트로 하락한 이후 금융위기가 터진 2008년에는 2.6퍼센트까지 떨어졌다. 금융위기 이후 소비가 줄면서 저축률은 소폭 오르긴 했지만 미미한 수준이다. 낮은 저축률은 가계부채 증가를 동행한다. 일반 가계의 부채는 1970년대 가처분소득의 50~55퍼센트에서 금융위기 이후 138퍼센트로 증가했다.

클린턴 정부에서 노동부 장관을 지낸 로버트 라이시는 《왜 위기는 반복되는가》에서 위기에 빠진 원인 중의 하나로 과소비를 지적했다. 소비가 지탱하는 사회구조에서 소비를 받쳐줄 중산층의 실질소득이 지속적으로 감소하자 결국 소비라는 마약을 끊을 수 없어 부채에 의존하는 것이 구조화됐고, 이는 필연적으로 위기를 불러왔다는 것이다. 어찌 보면 만성적인 무역적자도 소비에 경도된 국민성과 결코 무관하지 않다. 그런데도 미국은 적자의 주범이 중국이라며 중국을 상대로 "수출은 줄이고, 소비는 늘려라"고 압력을 가하고 있다. 중국 입장에서는 적반하장이 따로 없다.

가난한 도시, 부자 시민

주말에 가족을 데리고 워싱턴DC에 나갔다가 된통 당했다. 조지타운 근처 국립동물원에 들러 길가에 주차했다가 주차위반 딱지를 끊은 것이다. 벌금은 무려 100달러. 일요일에는 길거리 주차가 무료란 생각에 주차 안내판을 확인하지 않고 주차했더니 역시나 일이 터진 것이다. 억울했지만 어쩌랴. 불량 거주자로 낙인찍히지 않으려면 내는 수밖에.

워싱턴DC는 그야말로 딱지 천국이다. 잠깐 방심했다간 최소 30~50달러짜리 주차위반 또는 신호위반 딱지를 끊기 십상이다. 주차는 특히 조심해야 한다. 주차 안내판을 꼼꼼히 확인하지 않고 차를 댔다간 필시 빨간 딱지가 꽂혀 있을 것이다. 안내판 또한 마치 암호처럼 복잡하다. 도대체 주차해도 된다는 것인지, 안 된다는 것인지 헷갈린다.

워싱토니언(Washingtonian)들은 매월 말에는 아예 차를 갖고 시내에 나가지 않는다. 주차와 신호위반 단속이 이때 집중되기 때문이다. 주차위반을 단속하는 시 당국이나 신호위반을 단속하는 경찰 역시 월말에 할당량을 부과한다. 이 할당량을 채우기 위해 무리한 단속이 벌어지는 것이다. 이러한 낡은 행정 편의주의는 한국이나 미국이나 별반 다를 게 없다.

워싱턴DC가 이처럼 딱지 천국으로 유명한 이유는 따로 있다. 그렇게라도 벌금을 걷어야 할 만큼 시 재정 상황이 안 좋기 때문이다. 매년 적게는 4억7000만 달러에서 많게는 10억 달러의 적자를 내고 있다. 이는 행정수도라는 특성상 어찌해볼 수 없는 만성적이고 구조적인 문제다.

주 수입원은 거주자들로부터 걷는 세금이지만 DC에서 생활하는 60퍼센트는 비거주인이다. 다시 말해 각국에서 파견된 외교관, 공무원, 주재원들이 인구의 60퍼센트를 차지한다. 이들에게는 세금을 물릴 수 없다. 또 부동산으로부터 걷는 재산세도 한정돼 있다. 절반가량은 세금이 면제된 대사관이나 행정부, 국립박물관, 기념관 등이기 때문이다.

이처럼 DC는 가난하지만 그렇다고 시민들까지 가난한 것은 아니다. 이와 관련해 〈워싱턴포스트〉에서 재미있는 통계를 하나 발견했다. DC에서 소득 상위 1퍼센트에 들려면 연소득이 최소 61만7000달러는 돼야 한다는 것이다. 미국 전체적으로 보면 상위 1퍼센트 기준이 38만7000달러(2010년 기준)이니, DC의 부자들이 전국 평균 부자들보다 훨씬 잘산다는 이야기다.

참고로, 상위 1퍼센트 소득이 가장 높은 곳은 코네티컷 주다. 슈퍼리치들이 가장 많이 산다는 뜻이다. 또한 카운티별로도 상위 1~3위를 독차지하고 있다. 스탬포드(Stamford) 카운티가 연평균소득 90만6006달러로 1위를 차지했다. 이 카운티는 헤지펀드들이 둥지를 튼 곳으로 유명한 그리니치(Greenwich)란 도시가 있는 곳이다. 언젠가 미 월가 헤지펀드 매니저들의 정글 같은 세계를 그린 책 《투자전쟁》을 흥미진진하게 읽었는데, 이 책의 저자 바턴 빅스(Barton Biggs)가 그리니치를 이렇게 묘사하는 내용이 나온다.

> "월가에서 헤지펀드 매니저로 성공하면 누구나 원하는 표준이 있
> 다. 첫 번째가 그리니치란 곳에 대저택을 구입하는 것이다. 저택
> 을 구입하면 아이들 교육과 집안살림을 맡을 가정부가 필요한
> 데, 반드시 스코틀랜드 출신이어야 한다… 한 유명 펀드매니저
> 아내의 꿈은 넓은 정원이 있는 저택을 가지는 것이었다. 남편이
> 헤지펀드 회사를 차리자마자 그리니치에 저택을 구입해 남편이
> 매달 돈을 가져올 때마다 정원을 조금씩 넓혀갔다. 하지만 얼마
> 뒤 남편의 헤지펀드가 문을 닫는 바람에 결국 원하는 크기의 정
> 원을 완성하지 못하고 집을 경매로 넘겨야 했다."

두 번째로 연평균소득이 많은 동네는 댄버리(Danbury)로 67만
5000달러이며 3위는 브릿지포트(Bridgeport)로 66만7755달러였
다. DC는 이 순위에서 12번째에 랭크됐다. 상당히 높은 수준이
다. 특히 2008년 금융위기 이후 미국 전체의 가계소득이 감소
할 때도 워싱토니언들의 가구소득은 증가했다. 2008~2010년
까지 가계 평균소득이 3.5퍼센트 감소하는 동안 워싱토니언들
의 가구소득은 8퍼센트 증가했다는 통계도 있다.

경기침체에 아랑곳하지 않고 워싱토니언들이 잘사는 이유는

무엇일까? 〈워싱턴포스트〉가 경제학자들과 인구학자들의 분석을 이용해 보도한 바로는 세 가지 이유가 있다. 첫째, 경기침체 영향을 덜 받는 정부 관련 일자리가 많고, 둘째, 교육 수준이 다른 지역들에 비해 높으며, 셋째, 맞벌이 가구들이 상대적으로 많기 때문이었다.

심각한 남녀 임금격차

가장 평등한 나라로 알려진 미국. 일반적 이미지와 달리 빈부격차가 OECD 멤버 중 최고 수준인 것도 놀랍지만 남녀차별(임금 기준)도 상위에 속한다는 사실도 놀라울 따름이다. 신문을 읽다가 우연히 알게 된 것인데, 미국 국경일 중에 '임금평등의 날(National Equal Pay Day)'이란 것이 있었다. 2012년에는 4월 17일이 바로 그날이었다. 물론 쉬는 날은 아니지만 국가가 제정했다는 뜻에서 앞에 National이란 단어가 붙어 있다. 오바마까지 이 날을 기념하는 성명서를 백악관 홈페이지에 올릴 정도니 미국 사회에 남녀 임금격차 문제가 얼마나 뿌리 깊고 심각한지를 알 수 있다.

오바마의 성명서에 따르면, 직장에서 일하는 미국 여성은 똑

같은 일을 하는 남성이 1달러를 벌 때 77센트를 번다. 임금격차율이 23퍼센트란 얘긴데, 이는 주마다 조금씩 다르다. 가장 심각한 루이지애나는 여성 임금이 남성의 64퍼센트에 머문다. 인종별로 보면 더욱 심각하다. 특히 히스패닉 여성의 임금 수준은 가장 낮아 남성의 절반 정도에 불과하다.

미국은 지금이야 평등과 자유가 넘치는 나라라는 이미지가 강하지만 20세기 중반까지만 해도 인종차별, 성차별이 극심한 나라였다. 마이너리티들의 민권운동 덕에 차별은 많이 해소됐으나 인종차별, 성차별은 여전히 존재한다. 남녀의 임금차별 역시 뿌리가 깊다. 1963년 케네디가 처음으로 동일임금법(Equal Pay Act)을 통과시켜 남녀차별을 법으로 금지했다. 하지만 그로부터 반세기가 지났음에도 여전히 남녀 임금차별은 사라지지 않고 있다.

'임금평등의 날' 홍보하는 공식 홈페이지에 들어가보면 흥미로운 동영상이 올라 있다. 샤샤라는 이름의 포르노 여배우가 자신이 왜 포르노배우가 됐는지를 고백하는 동영상이다. 고등학교를 졸업하고 웨이트리스 등 안 해본 일이 없지만 그나마 포르노배우가 똑같은 일을 하는 남성보다 더 많이 돈을 받는 유일한 직업이라고 고백했다.

여성 유권자들에게 특히 인기가 많은 오바마가 당선되자마자 맨 처음 했던 일 중의 하나가 남녀 임금차별 철폐였다. 2009년 만든 릴리 레드베터 공정임금법(Lily Ledbetter Fair Pay Restoration Act)이 대표적이다. 핵심 조항은, 여성이 직장에서 임금차별을 당했을 때 180일 이내에 직장을 상대로 시정해달라고 정부에 청원할 수 있는 규정이다. 법안 명칭에 등장하는 릴리 레드베터는 굿이어(Goodyear) 타이어회사에서 임금차별에 반대해 소송을 벌여 승소한 여성의 이름이다.

오바마는 '임금평등의 날'을 기념하는 성명서 마지막에 "2009년 남녀 임금차별 금지법안을 계기로 남녀 임금격차가 20퍼센트 정도로 줄어드는 성과가 있었다"며 자화자찬을 늘어놓았다. 하지만 임금차별을 받았다고 자신의 직장을 상대로 정부에 청원하는 용감한 여성이 과연 몇이나 될까? 만약 그랬다간 당장 해고될 것이다. 오바마의 성명서를 읽으면서 대통령 선거를 앞두고 재선을 위한 홍보가 아닐까라는 생각이 문득 들었다.

그렇다면 한국의 남녀 임금격차는 어느 정도일까? OECD가 회원 국가들의 데이터를 종종 발표하는데, 가장 최근 발표된 자료(2009년 기준)에 따르면 한국의 남녀 임금격차는 38.9퍼센트로 OECD 국가 중 가장 높은 비율이다. 이는 OECD 평균 15.8퍼센트의 2.5배에 달한다. 흥미로운 사실은 선진국 대다수가 남녀 임금격차율에서 OECD 평균보다 높고(일본은 2위), 과거 사회주의였지만 아직 선진국 문턱에 못 이른 국가(동유럽 등)들의 경우 격차율이 낮다는 것이다. 참고로 가장 낮은 수치를 보인 나라는 헝가리로 3.9퍼센트에 불과했다.

비싼 공공요금, 저렴한 서비스

미국 생활 동안 워싱턴DC 메트로는 나에게 발과 같은 존재였다. 오렌지선 비엔나역에서 출발해 DC 시내에 있는 패러것 웨스트(Farragut West)역까지 30분간은 나에게 아주 긴요한 시간이었다. 책을 읽거나, 신문을 보거나, 아니면 공상에 빠지거나, 이것도 아니면 창밖으로 아름다운 경치를 감상하곤 했다. 봄에는 예쁜 꽃들이 만발하고, 여름에는 짙은 녹음이 우거지고, 가을에는 노란색 단풍으로 물들고, 겨울에는 하얀 눈으로 덮힌…. 전철에서 바라본 오렌지 라인 주변 4계절 모습은 오래도록 기억에 남을 것 같다.

하지만 메트로에 대한 좋은 기억은 딱 여기서 끝이다. 나머지는 온통 좋지 않은 기억뿐이다. 우선 비용은 러시아워 때 기준으로 한국 전철 요금의 5배다. 하루 왕복 요금은 11달러에 달한다. 물론 요금 문제라면, 미국이란 나라가 워낙 공공요금이 비싸기로 유명한 나라니, 그러려니 넘길 수 있다.

하지만 비싼 공공요금에 비해 서비스 수준은 정말로 형편없기 짝이 없다. 우선 청결도를 보자. 인근 뉴욕 메트로에 비하면 그나마 DC 메트로가 낫지만 서울 지하철의 청결도 수준에 비하면 아직 멀다. 비엔나역이 출발역인데도 의자 옆에 쓰레기봉투나 신문 쪼가리들이 널려 있기 일쑤다.

잦은 고장으로 멈춰서는 것도 기본이다. 때문에 약속 시간에 도착하기 위해 메트로를 이용하는 것은 적어도 여기서는 아주 위험천만한 일이다. DC에서 점심이나 미팅 등의 약속을 위해 메트로를 셀 수 없이 이용해본 나의 경험으로는 충분한 시간 여유를 두고 출발했음에도 불구하고 제시간에 도착해본 기억이 별로 없다. 한번은 이런 사정을 감안하고, 유니언 스테이션에서 뉴욕행 열차를 타기 위해 집에서 무려 1시간 30분 전에 나섰음에도(보통 40분이면 족한 거리) 갈아타는 역에서 전철이 갑자기 운행을 정지해 열차를 놓친 적도 있다.

도로 사정에 상관없이 막힘이 없어 제시간에 도착하기 위한 최적의 수단인 전철, 이곳 미국에서는 더 이상 통하지 않는 생활상식이다.

콩나물 지하철은 또 어떤가. 한국에서 출퇴근 시간, 콩나물

지하철에 시달린 나로선 '땅덩어리 넓은 미국은 다르겠지' 라고 생각했지만 이 또한 오산이었다. 한국은 그나마 출퇴근 시간에만 집중적으로 사람이 몰리지만 DC 지하철은 가령 퇴근 시간의 경우 오후 4시부터 발 디딜 틈 없이 붐비기 시작해 저녁 9시까지 계속된다. 키도 크고, 덩치도 큰 미국 사람들 틈에 끼어 키 작은 동양인이 서 있기란 여간 고통스런 일이 아닐 수 없다.

여기서 궁금한 것 한 가지. 이처럼 서비스나 인프라에 투자를 하지 않으면서도 비싼 요금을 받는 DC 메트로가 매년 1억 달러 이상의 적자를 내는 이유가 대체 뭘까? 비싼 요금을 받아 대체 어디에 사용하기에 말이다. 그런데도 DC 메트로는 적자를 보전하기 위해 요금을 수시로 인상한다. 2013년 예산안에서는 요금을 17퍼센트 가량 인상하는 안을 추진하고 있다. 이것도 부족해 메트로가 지나는 DC와 버지니아, 메릴랜드 세 곳의 주정부로부터 과거 누적적자 해소 명목으로 6억6900만 달러를 지원받는 것을 추진한다고 한다. 이는 세 곳에 사는 주민들의 세금으로 충당할 수밖에 없다. 결국 DC 메트로 이용객들은 요금에다 적자 보전용 세금까지 합쳐 전 세계에서 가장 비싼 요금을 내며 전철을 이용하고 있는 셈이다.

이는 비단 DC 메트로뿐 아니다. 주요 도시의 전철은 물론 도시를 오가는 철도(암트렉) 역시 매 마찬가지다. 그래도 미국 시민들은 오늘도 불평 없이 묵묵히 메트로를 이용한다. 그 인내력은 어디서 나오는지, 미국인들의 DNA가 궁금할 따름이다.

우리가 모르는 미국의 두 얼굴

지은이 | 정종태
펴낸이 | 김경태
펴낸곳 | 한국경제신문 한경BP
등록 | 1967년 5월 15일(제2-315호)

제1판 1쇄 인쇄 | 2012년 9월 19일
제1판 1쇄 발행 | 2012년 9월 26일

주소 | 서울특별시 중구 중림동 441
전자우편 | bp@hankyungbp.com
홈페이지 | http://www.hankyungbp.com
전자우편 | bp@hankyungbp.com
T | @hankbp F | www.facebook.com/hankyungbp
기획출판팀 | 02-3604-553~6
영업마케팅팀 | 02-3604-595, 583   FAX | 02-3604-599

ISBN 978-89-475-2871-9 03300

값 14,000원